AF546848

DIE BESTEN SALATE VON A–Z

DIE DR. OETKER GELING-GARANTIE

UNSER VERSPRECHEN

Liebe Leserin, lieber Leser,

mit den Rezepten in unseren Koch- und Backbüchern möchten wir Sie und Ihre Lieben glücklich machen. Zum Glück braucht es den Erfolg, und den kaufen Sie mit jedem Dr. Oetker Buch gleich mit.

Dafür gibt es die *Dr. Oetker Geling-Garantie*. Sie ist unser Versprechen, dass alle Rezepte aus diesem Buch ganz einfach und sicher gelingen. Die Geling-Garantie startet schon bei der Zutatenliste: alle Zutaten, die wir verwenden, sollten Sie leicht in Ihrem Supermarkt vor Ort einkaufen können. Jeder Zubereitungsschritt ist klar und einfach nachvollziehbar.

Eine Garantie können wir Ihnen aber auch deshalb mit gutem Gewissen geben, weil alle Rezepte dieses Buches von unserem erfahrenen Team entwickelt wurden. Anschließend haben wir jedes Gericht in einer ganz normalen Küche nachgekocht oder nachgebacken. Immer wieder. So lange, bis wir uns sicher waren, dass es gelingt. Und zwar auch bei Ihnen zu Hause.

Was wir versprechen, halten wir auch. Sollte beim Kochen oder Backen eines unserer Rezepte dennoch etwas danebengehen oder Ihnen einfach nicht schmecken, dann lassen Sie es uns wissen. Schreiben Sie oder rufen Sie uns an! Wir werden das Rezept nochmals kritisch prüfen und Ihnen helfen herauszufinden, woran es gelegen haben könnte. Sie erreichen uns unter der Telefonnummer +49(0)89/54825 15-0. Oder schreiben Sie uns eine E-Mail unter: redaktion-oetker@zsverlag.de.

Natürlich freuen wir uns aber auch über weitere Rückmeldungen und auch über Lob. Ihre Ideen, Kommentare und Fragen können Sie jederzeit auch über Facebook posten: www.facebook.com/Dr.OetkerVerlag. Wir sind für Sie da. Garantiert.

Mit herzlichen Grüßen
Ihre Dr. Oetker Redaktion

ALLGEMEINE HINWEISE ZU DEN REZEPTEN

Lesen Sie vor der Zubereitung – besser noch vor dem Einkauf – das Rezept einmal vollständig durch. Aus dem Zusammenhang werden die Zubereitungsschritte deutlicher und verständlicher.

PORTIONSANGABEN

Die Anzahl der Portionen finden Sie in jedem Rezept ausgewiesen.

ZUTATENLISTE

Die Zutaten sind in der Reihenfolge aufgeführt, in der sie später im Rezept verwendet werden. Falls Sie Vegetarier oder Veganer sind: Produkte wie Würzsaucen, Gemüsebrühe oder Nudeln können tierische Bestandteile enthalten, Essig oder Wein wird oft mit Gelatine geklärt, Käse kann tierisches Lab enthalten. Achten Sie deshalb vor allem bei Produkten, die aus verschiedenen Zutaten bestehen, und Fertigprodukten darauf, dass diese als „vegetarisch" oder „vegan" gekennzeichnet sind. Bei Käse gibt es mittlerweile viele Sorten mit mikrobiellem Lab, das dann auf der Zutatenliste meist auch ausgewiesen ist – der tradtionell mit tierischem Lab produzierte Parmesan lässt sich z. B. gut durch Montello oder einen lang gereiften Bergkäse ersetzen.

ARBEITSSCHRITTE

Jeder Arbeitsschritt ist einzeln hervorgehoben und extra nummeriert. So haben wir die Rezepte für Sie auch entwickelt und ausprobiert.

ZUBEREITUNGSZEIT UND GARZEIT

Die angegebene Zubereitungszeit schließt die Dauer der Vorbereitung und die eigentliche Zubereitung mit ein. Sie ist ein Anhaltswert und kann je nach individuellem Geschick oder Übung natürlich ein wenig variieren. Längere Wartezeiten, wie etwa Kühl- oder Abkühlzeiten oder auch Auftauzeit, sind in der Regel nicht in der Zubereitungszeit enthalten. Einzige Ausnahme: In dieser Zeit sind parallel andere Arbeitsschritte zu tun. Die Garzeiten sind gesondert ausgewiesen. Bei einigen Rezepten setzt sich die Gesamt-Garzeit aus mehreren Teil-Garzeiten zusammen.

HINWEISE ZU DEN NÄHRWERTEN

Bei den Nährwertangaben in den Rezepten handelt es sich um auf- bzw. abgerundete ganze Werte. Aufgrund von ständigen Rohstoffschwankungen und/oder Rezepturveränderungen bei Lebensmitteln kann es zu Abweichungen kommen. Die Nährwertangaben dienen daher lediglich Ihrer Orientierung und eignen sich nur bedingt für die Berechnung eines Diätplans.

ABKÜRZUNGEN UND SYMBOLE

Abkürzungen Zutaten und Rezepttexte

EL	Esslöffel
TL	Teelöffel
Msp.	Messerspitze
Pck.	Packung/Päckchen
g	Gramm
kg	Kilogramm
ml	Milliliter
l	Liter
evtl.	eventuell
geh.	gehäuft
gestr.	gestrichen
gem.	gemahlen
ger.	gerieben
TK	Tiefkühlprodukt
°C	Grad Celsius

Nährwertangaben

E	Eiweiß
F	Fett
Kh	Kohlenhydrate
kcal	Kilokalorien

Symbole

◔	Zubereitungs-/Garzeit
✚	Vegetarisch/Vegan
▲	Mit Alkohol

ALTDEUTSCHER SALAT

Zubereitungszeit: 30 Minuten, ohne Abkühlzeit
+ Vegetarisch

ZUTATEN FÜR 4 PORTIONEN

2–3 Rote Beten (250–300 g)
7 EL Zitronensaft
3 TL Speiseöl, z. B. Olivenöl
Salz, gem. Pfeffer, Zucker
4 Knollen Topinambur (250–300 g)
350 ml kräftige Gemüsebrühe
½ Knolle Sellerie (etwa 500 g)
etwa 350 g Möhren
1–2 EL milder Apfelessig
200 g saure Sahne
200 g Joghurt (0,1 % Fett)
1 geh. TL körniger Senf
½ Bund glatte Petersilie
2 hart gekochte Eier

PRO PORTION:

E: 11 g, F: 12 g, Kh: 20 g, kcal: 240

1. Die Roten Beten unter fließendem kaltem Wasser gut abbürsten und in einem Topf mit Wasser bedecken. Zugedeckt zum Kochen bringen, dann bei schwacher bis mittlerer Hitze je nach Dicke der Knollen in 30–40 Minuten weich garen. Abgießen, etwas abkühlen lassen, schälen und in Spalten schneiden (Haushaltshandschuhe tragen, sie färben stark!). Mit 2 EL Zitronensaft, 1 TL Speiseöl, Salz, Pfeffer und Zucker mischen und lauwarm abkühlen lassen.

2. In der Zwischenzeit die Topinambur unter fließendem kaltem Wasser abbürsten und in einem Topf mit Wasser bedecken. Zugedeckt zum Kochen bringen, 1 TL Salz hinzufügen und je nach Dicke der Knollen in 20–35 Minuten weich garen. Abgießen, kurz mit kaltem Wasser abschrecken, schälen und in Scheiben schneiden. Die Topinambur mit 1 EL Zitronensaft, Salz, Pfeffer und 3 EL Brühe marinieren, lauwarm abkühlen lassen.

3. Den Sellerie schälen, abspülen, abtropfen lassen und in Stifte schneiden. 1 TL Speiseöl in einem Topf erhitzen, die Selleriestifte darin andünsten, mit Salz, Pfeffer und 4 EL Zitronensaft würzen. 4 EL Brühe dazugießen. Die Selleriestifte zugedeckt bei schwacher Hitze 15–20 Minuten leicht schmoren lassen.

4. Die Möhren putzen, schälen, abspülen, in Stifte schneiden. Restliche Brühe erhitzen. Die Möhren darin zugedeckt in etwa 5 Minuten bissfest garen, dann abgießen, mit Salz, Pfeffer, restlichem Speiseöl und Apfelessig marinieren. Lauwarm abkühlen lassen.

5. Saure Sahne mit Joghurt und Senf verrühren, mit Zucker, Salz und Pfeffer würzen. Die Petersilie abspülen und trocken tupfen. Die Blätter von den Stängeln zupfen und klein schneiden. Die Eier pellen und fein würfeln.

6. Das Gemüse nochmals mit Salz, Pfeffer und evtl. etwas Zitronensaft abschmecken, dann anrichten. Das Dressing darauf verteilen, mit Petersilie und Ei-Häckerle bestreuen.

ANANAS-KRAUT-SALAT MIT PAPRIKASTREIFEN

Zubereitungszeit: 30 Minuten
Durchziehzeit: 30 Minuten
+ Vegan

ZUTATEN FÜR 6 PORTIONEN

750 g Weißkohl
Salz
1 rote Paprikaschote
175 g abgetropfte Ananasstücke
(aus der Dose; Einlegeflüssigkeit aufgefangen)
1 große Zwiebel
4 EL Olivenöl
4 EL Kräuteressig
1 EL mittelscharfer Senf
gem. Pfeffer
½ TL gem. Piment
½ TL Kümmelsamen

PRO PORTION:

E: 2 g, F: 7 g, Kh: 14 g, kcal: 131

1. Vom Weißkohl die groben, äußeren Blätter lösen. Den Kohl vierteln und den Strunk herausschneiden. Die Kohlviertel mit einer Küchenreibe oder Küchenmaschine in möglichst feine Streifen hobeln bzw. schneiden. Die Kohlstreifen in eine große Schüssel geben. 2–3 EL Salz hinzugeben, mit den Händen gut durchkneten, bis die Kohlstreifen leicht glasig werden. Dann die Kohlstreifen etwa 60 Minuten durchziehen lassen.

2. Die Paprika halbieren, entstielen, entkernen, weiße Scheidewände entfernen. Die Schote abspülen, trocken tupfen und in schmale Streifen schneiden. Die Ananasstücke kleiner schneiden.

3. Die Kohlstreifen in ein Sieb geben, abtropfen lassen und zurück in die Schüssel geben. Paprikastreifen und Ananasstücke untermischen.

4. Die Zwiebel abziehen und zuerst in dünne Scheiben schneiden, dann in Ringe teilen. Das Olivenöl in einer Pfanne erhitzen, die Zwiebel kurz darin andünsten, dann zum Ananas-Kraut-Salat in die Schüssel geben. Das in der Pfanne verbliebene Bratfett mit Essig, Senf, Pfeffer, Piment und Kümmel verquirlen. Die Hälfte der aufgefangenen Ananas-Einlegeflüssigkeit unterrühren. Die Marinade gut unter den Salat mischen und etwa 30 Minuten durchziehen lassen.

5. Den Ananas-Kraut-Salat vor dem Servieren nochmals mit Salz und Pfeffer abschmecken und nach Belieben in Gläsern anrichten.

TIPP:

Dazu passt ofenfrisches Baguette.

ANANAS-KÜRBIS-SALAT MIT PEPERONI

◷ Zubereitungszeit: 60 Minuten
Durchziehzeit: 30 Minuten
+ Vegan

ZUTATEN FÜR 12 PORTIONEN

850 g Ananasfruchtfleisch
1 kg Hokkaido-Kürbis
4 EL Olivenöl
4 EL Zucker (etwa 50 g)
6 Schalotten (etwa 200 g)
4 Knoblauchzehen
6 milde Peperoni (etwa 100 g)
1–2 EL klein geschnittene Korianderblätter oder glatte Petersilienblätter

FÜR DAS DRESSING:

150 ml Weißweinessig
Salz
gem. Pfeffer
200 ml Olivenöl

ZUM ANRICHTEN:

200 g Feldsalat
200 g Rucola (Rauke)
100 g Rote-Bete-Blätter oder rot-grüner Pflücksalat
200 g Portulak
1 Topf rotes Basilikum

PRO PORTION:

E: 2 g, F: 20 g, Kh: 18 g, kcal: 268

1. Das Ananasfruchtfleisch in mundgerechte Stücke schneiden. Den Kürbis vierteln, nach Belieben schälen, und entkernen. Das Fruchtfleisch in kleine Stücke schneiden. Etwa die Hälfte des Olivenöls in einer beschichteten Pfanne erhitzen. Die Ananasstücke darin unter Wenden anbraten, mit etwa der Hälfte des Zuckers bestreuen und unter mehrmaligem Wenden karamellisieren. Die Ananasstücke in eine große Salatschüssel geben. Das restliche Olivenöl in der Pfanne erhitzen und die Kürbisstücke darin unter Wenden anbraten, mit restlichem Zucker bestreuen und unter Wenden karamellisieren. Die Kürbisstücke zu den Ananasstücken geben und abkühlen lassen.

2. Inzwischen Schalotten und Knoblauch abziehen. Die Schalotten längs halbieren und in Scheiben schneiden, den Knoblauch durch eine Knoblauchpresse drücken. Die Peperoni halbieren, entstielen, entkernen und die Scheidewände entfernen. Abspülen, abtropfen lassen und in feine Streifen schneiden. Koriander oder Petersilie mit Schalotten, Knoblauch und Peperoni unter die Ananas-Kürbis-Mischung rühren.

3. Für das Dressing Essig mit Salz und Pfeffer würzen, das Olivenöl unterschlagen. Das Dressing mit den Zutaten in der Schüssel gut vermischen, den Salat etwa 30 Minuten durchziehen lassen.

4. Zum Anrichten inzwischen den Feldsalat verlesen und die Wurzelansätze abschneiden. Rucola, Rote-Bete-Blätter und Portulak verlesen, evtl. dicke Stängel entfernen. Die Basilikumblätter von den Stängeln zupfen. Die Salate und Blätter abspülen und gut abtropfen lassen, evtl. trocken schleudern.

5. Je etwa drei Viertel der Blattsalate und Basilikumblätter auf einer großen Platte auslegen. Den Salat anrichten und mit den restlichen Salat- und Basilikumblättern garnieren.

TIPP:

Dazu passt ofenfrisches Baguette.

ARTISCHOCKEN-PASTA-SALAT MIT EI UND OLIVEN

Zubereitungszeit: 40 Minuten
+ Vegetarisch

ZUTATEN FÜR 4 PORTIONEN

3 Eier (Größe nach Belieben)
300 g Nudeln, z. B. Penne
Salz
240 g abgetropfte Artischockenherzen (aus der Dose)
150 g abgetropfte Kapernäpfel (aus dem Glas)
je ½ Bund Basilikum und Dill
40 g abgetropfte getrocknete Tomaten, in Öl (Öl aufgefangen)
50 g Rucola (Rauke)
2 EL Öl von den getrockneten Tomaten
evtl. etwas Gemüsebrühe
50 g abgetropfte schwarze Oliven, mit Stein

FÜR DIE MARINADE:

2 kleine Schalotten
4–6 EL Apfelessig
150 ml heiße Gemüsebrühe
Salz, gem. Pfeffer
1 TL mittelscharfer Senf
4 EL Olivenöl

PRO PORTION:

E: 18 g, F: 23 g, Kh: 60 g, kcal: 549

1. Die Eier in kochendem Wasser in etwa 10 Minuten hart kochen. Dann kalt abschrecken, pellen und erkalten lassen. Die Nudeln in kochendem Salzwasser nach Packungsanleitung bissfest kochen, dabei gelegentlich umrühren.

2. Inzwischen für die Marinade die Schalotten abziehen und sehr fein würfeln. Essig, Brühe, Salz, Pfeffer und Senf in einer Schüssel verrühren, das Öl unterschlagen. Die Schalotten unterrühren.

3. Die Nudeln in ein Sieb abgießen, mit heißem Wasser abspülen und gut abtropfen lassen. Anschließend zur Marinade in die Schüssel geben und gut vermischen. Die Nudeln lauwarm abkühlen lassen.

4. In der Zwischenzeit Artischockenherzen und Kapernäpfel halbieren. Basilikum und Dill abspülen und trocken tupfen, die Blätter bzw. Spitzen abzupfen und klein schneiden.

5. Die Tomaten in feine Streifen schneiden. Den Rucola verlesen und die dicken Stiele abschneiden. Den Rucola abspülen, gut abtropfen lassen oder trocken schleudern und evtl. grob zerzupfen und kleiner schneiden.

6. Das aufgefangene Tomaten-Einlegeöl und nach Belieben etwas Gemüsebrühe unter die lauwarme Nudeln mischen. Die Nudelmischung mit Salz und Pfeffer abschmecken.

7. Die Eier in Stücke schneiden, mit den Oliven und restlichen vorbereiteten Zutaten vorsichtig unter die Nudeln mischen. Den Salat mit Salz und Pfeffer abschmecken.

ASIATISCHER MANGOSALAT MIT STECKRÜBE

◔ Zubereitungszeit: 30 Minuten, ohne Abkühlzeit
+ Vegetarisch

ZUTATEN FÜR 4 PORTIONEN

1 Steckrübe (etwa 1,3 kg)
Salz
1 Knoblauchzehe
5 EL Zitronensaft
gem. Pfeffer
3 EL mildes Olivenöl
2 EL mildes Speiseöl, z. B.Distelöl
50 g Pekannusskerne
1 große Prise geschrotete Chili
3 Frühlingszwiebeln
1 reife Mango (etwa 600 g)

FÜR DAS DRESSING:

300 g Joghurt (3,5 % Fett)
2 EL Crème fraîche
1–2 TL Ahornsirup
Salz, gem. Pfeffer
1–1 ½ TL Currypulver mild

ZUM ANRICHTEN:

125 g Blattsalat, z. B. Mizuna-Salat

PRO PORTION:

E: 9 g, F: 28 g, Kh: 38 g, kcal: 459

1. Die Rübe schälen, abspülen, abtropfen lassen und in etwa 1 cm dicke Scheiben schneiden. Etwa 1 l Wasser in einem Topf zugedeckt zum Kochen bringen. 1 EL Salz und die Steckrübenscheiben dazugeben. Zugedeckt 8–10 Minuten garen.

2. Inzwischen den Knoblauch abziehen und durch eine Knoblauchpresse drücken. Mit Zitronensaft, Salz, Pfeffer und den Ölen in einer Schüssel verquirlen.

3. Die Steckrübe abtropfen und etwas abkühlen lassen. Dann mit einer Küchenreibe in nicht zu feine Streifen in die Marinade hobeln. Alles vorsichtig durchmischen.

4. Die Pekannusskerne grob hacken und in einer beschichteten Pfanne ohne Fett rösten. Mit 1 Prise Chili bestreuen und erkalten lassen.

5. Für das Dressing Joghurt, Crème fraîche, Ahornsirup, Salz, Pfeffer und Currypulver verrühren. Mit Salz und Pfeffer abschmecken.

6. Die Frühlingszwiebeln putzen, abspülen, abtropfen lassen und schräg in feine Scheiben schneiden. Das Fruchtfleisch der Mango vom Kern schneiden, schälen und klein schneiden. Marinierte Steckrüben, Frühlingszwiebeln und Mangostücke mischen, mit Salz, Pfeffer und evtl. etwas Zitronensaft abschmecken.

7. Zum Anrichten den Blattsalat verlesen, abspülen, gut abtropfen lassen oder trocken schleudern. Salat und Steckrübenmischung auf Tellern anrichten. Mit den Pekannüssen bestreuen und mit dem Dressing beträufeln.

BABY-LEAF-SALAT MIT ARONIABEEREN

Zubereitungszeit: 20 Minuten
Quellzeit: mind. 4 Stunden
+ Vegan

ZUTATEN FÜR 4 PORTIONEN

80 ml Apfelsaft
etwa 20 g getrocknete Aroniabeeren
3–4 EL Kürbiskerne
300 g gemischte feine Salatblätter, z. B. Baby-Leaf-Salat (alternativ 1 großer Kopf Blattsalat)
3 Schalotten
250 g roséfarbene Champignons
2 EL Olivenöl
Salz
gem. Pfeffer
6 EL abgetropfter Gemüsemais (aus der Dose)

FÜR DAS DRESSING:

1 TL milder Senf
Salz
gem. Pfeffer
5 EL mildes nussiges Öl, z. B. Avocado-, Walnuss- oder Kürbiskernöl

PRO PORTION:

E: 7 g, F: 21 g, Kh: 9 g, kcal: 269

1. Apfelsaft und Aroniabeeren mischen, mindestens 4 Stunden marinieren und quellen lassen.

2. Die Kürbiskerne in einer Pfanne ohne Fett bei mittlerer Hitze leicht rösten, dann auf einem Teller auskühlen lassen. Die Aroniabeeren abtropfen lassen, dabei den Apfelsaft auffangen.

3. Die Salatblätter verlesen, gründlich kalt spülen und trocken schleudern.

4. Die Schalotten schälen und in feine Spalten schneiden. Die Champignons putzen, evtl. kurz abspülen und trocken tupfen. Die Pilze in feine Scheiben schneiden.

5. Das Olivenöl in einer Pfanne erhitzen und die Schalotten darin glasig dünsten. Die Temperatur erhöhen, die Pilze in die Pfanne geben und unter Wenden kurz kräftig anbraten. Mit Salz und Pfeffer würzen.

6. Für das Dressing Senf und aufgefangenen Apfelsaft verquirlen. Mit Salz, Pfeffer, Zucker und dem Öl gründlich verrühren.

7. Zum Servieren Salatblätter, Aroniabeeren, Mais und Pilze auf Tellern anrichten und mit etwas Dressing beträufeln. Den Salat mit Kürbiskernen bestreuen. Übriges Dressing separat dazu reichen.

TIPP:

Aroniabeeren, auch Apfelbeeren genannt, sind als getrocknete Früchte oder Saft im Handel. Die Beeren ähneln Heidelbeeren, schmecken aber deutlich herber und säuerlicher. Werden sie getrocknet als Salatzutat verwendet, empfiehlt sich vorheriges einweichen. Die Beeren enthalten reichlich Mineralstoffe, Vitamine und Antioxidantien, z. B. Flavonoide, die unsere Körperzellen vor schädlichen Stoffen schützen können.

BALEAREN-WURST-SALAT

Zubereitungszeit: 50 Minuten, ohne Abkühlzeit

ZUTATEN FÜR 6 PORTIONEN

je 1 kleine rote, grüne und gelbe Paprikaschote (je etwa 175 g)
50 g Schalotten
10 EL Olivenöl
100 g abgetropfte schwarze Oliven, mit Stein
2 Döschen gem. Safran (0,2 g)
300 ml Orangensaft
4 EL Weißweinessig
Salz, gem. Pfeffer
180–200 g Baguette zum Aufbacken (Fertigprodukt)
100 g Serrano-Schinken, in Scheiben
50 g Chorizo (würzige spanische Paprikawurst)
40 g Manchego-Käse, ohne Rinde
6 Stängel glatte Petersilie
50 g Salzmandeln

PRO PORTION:

E: 15 g, F: 28 g, Kh: 27 g, kcal: 428

1. Die Paprikaschoten halbieren, entstielen, entkernen und die weißen Scheidewände entfernen. Schoten abspülen, abtropfen lassen und in etwa ½ cm breite Streifen schneiden. Die Schalotten abziehen und in feine Würfel schneiden.

2. In einer Pfanne 3 EL Öl erhitzen. Paprikastreifen und Schalottenwürfel darin unter Wenden bei starker Hitze etwa 1 Minute anbraten.

3. Anschließend Oliven, Safran, Orangensaft und Essig hinzugeben. Alles mit Salz und Pfeffer würzen und etwa 2 Minuten einkochen lassen. Die Pfanne von der Kochstelle nehmen. Das Paprikagemüse erkalten lassen.

4. Inzwischen den Backofengrill vorheizen.

5. Das Baguette in sehr dünne Scheiben schneiden. Die Baguettescheiben auf ein Backblech legen. Das Backblech unter den heißen Backofengrill schieben und die Brote goldbraun rösten.

6. Den Serrano-Schinken in etwa 2 cm breite Streifen schneiden. Die Chorizo erst in feine Scheiben, dann in Streifen schneiden. Den Manchego-Käse in feine Späne hobeln.

7. Die Petersilie abspülen und abtropfen lassen, die Blätter von den Stängeln zupfen und grob schneiden. Die Salzmandeln grob hacken.

8. Die Petersilie mit 5 EL Olivenöl unter das erkaltete Paprikagemüse geben.

9. Das restliche Olivenöl (2 EL) in einer Pfanne erhitzen. Die Schinkenstreifen darin bei mittlerer Hitze etwa 1 Minute erwärmen.

10. Die Baguettescheiben mit Paprikagemüse, Schinken und Chorizo mischen. Den Salat auf einer Platte anrichten, mit dem Käse und den Mandeln bestreuen. Den Salat sofort servieren.

BERGLINSENSALAT MIT LACHS UND DILLDRESSING

Zubereitungszeit: 25 Minuten
Garzeit: 15–20 Minuten

ZUTATEN FÜR 2 PORTIONEN

225 g feine Berglinsen, z. B. Beluga-Linsen
Salz
1 TL Instant-Gemüsebrühe
3 große Frühlingszwiebeln
1 Bund Dill (ersatzweise 3 EL TK-Dill)
500 g Tomaten
3–4 EL milder Weißwein- oder Apfelessig
gem. Pfeffer
1–2 TL süßer Senf
3 EL Olivenöl
250 g heiß geräuchertes Lachsfilet (Stremellachs)

PRO PORTION:

E: 58 g, F: 33 g, Kh: 57 g, kcal: 797

1. Die Linsen in einem Sieb mit kaltem Wasser abspülen und abtropfen lassen. In einem Topf gut mit Wasser bedecken, aufkochen und mit leicht geöffnetem Deckel bei schwacher Hitze in 15–20 Minuten weich köcheln. Kurz vor Garzeitende je 1 TL Salz und Brühepulver einrühren.

2. In der Zwischenzeit die Frühlingszwiebeln putzen, abspülen, abtropfen lassen und in feine Scheiben schneiden. Den Dill abspülen, trocken schütteln und grob hacken. Die Tomaten abspülen, abtrocknen und die Stängelansätze entfernen. Die Tomaten in Spalten schneiden. Den Lachs in mundgerechte Stücke schneiden.

3. Essig, Salz, Pfeffer und Senf in einer Schüssel verrühren, Öl unterschlagen. Dill und Frühlingszwiebeln untermischen. Die Linsen abgießen, abtropfen lassen und mit dem Dressing mischen. Mit Tomatenspalten und Lachs anrichten.

TIPPS:

Die Garzeit der Linsen lässt sich etwas verkürzen, wenn Sie sie vor dem Kochen etwa 8 Stunden in reichlich kaltem Wasser einweichen, z. B. über Nacht. Dann das Einweichwasser abgießen und die Linsen in einem Topf mit frischem Wasser bedeckt in 10–15 Minuten weich garen.
Als Garnitur evtl. noch abgespülte und trocken getupfte Dillspitzen auf den Salat geben.
Der Salat reicht für 2 Personen zum Sattessen oder für 4 Personen als Snack.
Dazu passt knuspriges Baguette genauso gut wie herzhaftes Holzofenbrot.

BIERKNACKERSALAT MIT LAUGENCROÛTONS

Zubereitungszeit: 30 Minuten

ZUTATEN FÜR 4 PORTIONEN

FÜR DIE SALATMISCHUNG:

4 Bierknacker (Landjäger oder dünne Rauchenden, etwa 300 g)
1 Bund Frühlingszwiebeln (etwa 100 g)
2 kleine rote Zwiebeln
1 Bund Radieschen
½ Eisbergsalat (etwa 300 g)

FÜR DAS DRESSING:

5–6 EL Weinessig
2 TL körniger Senf
2 TL Honig
Salz
gem. Pfeffer
60 ml Maiskeimöl

FÜR DIE LAUGENCROÛTONS:

2 Laugenbrezeln oder -stangen (etwa 170 g)
30 g Butter

PRO PORTION:

E: 26 g, F: 54 g, Kh: 37 g, kcal: 747

1. Die Bierknacker in dünne Scheiben schneiden und in eine große Schüssel geben.

2. Die Frühlingszwiebeln putzen, abspülen, abtropfen lassen und in dünne Scheiben schneiden. Die roten Zwiebeln abziehen und in dünne Ringe schneiden. Die Radieschen putzen, dabei die zarten Blätter aufheben und zusammen mit den Radieschen abspülen und abtropfen lassen. Die Radieschen vierteln oder in Spalten schneiden und mit den Zwiebeln zur Wurst geben.

3. Den Eisbergsalat putzen, abspülen, abtropfen lassen und in Streifen schneiden.

4. Für das Dressing Essig, Senf und Honig verrühren und mit Salz und Pfeffer würzen. Das Öl unterschlagen. Das Dressing mit den vorbereiteten Salatzutaten vermengen.

5. Für die Laugencroûtons die Brezeln oder Stangen in dünne Scheiben schneiden, große Scheiben evtl. kleiner schneiden. Die Butter in einer großen Pfanne zerlassen. Die Laugengebäckscheiben darin unter gelegentlichem Wenden knusprig braten.

6. Die Radieschenblätter evtl. grob schneiden und mit dem Eisbergsalat unter die Wurstmischung mengen. Den Salat mit Salz und Pfeffer abschmecken und die Laugencroûtons unterheben. Den Bierknackersalat auf Tellern anrichten.

TIPP:

Wer den Anteil an grünen Zutaten noch etwas erhöhen möchte, kann zusätzlich 50 g Feldsalat oder Babyspinat unter den Salat heben.

BIG-SALAD-BOWL MIT SÜSSKARTOFFEL-FRIES

Zubereitungszeit: 30 Minuten
Einweichzeit: mind. 6 Stunden
+ Vegan

ZUTATEN FÜR 4 PORTIONEN

ZUM VORBEREITEN:

75 g Cashewkerne oder Cashewkernbruch

FÜR DIE SÜSSKARTOFFEL-FRIES:

4–5 frische Salbeiblätter
(ersatzweise 1 TL getrockneter Salbei)
Salz
2 mittelgroße Süßkartoffeln
(Bataten; je etwa 250 g)
etwa 75 ml Speiseöl zum Frittieren

FÜR DIE SALATMISCHUNG:

2 kleine rote Zwiebeln
125 g roséfarbene Champignons
2 kleine gelbe oder rote Paprikaschoten
250 g Blattsalat-Mix

FÜR DAS DRESSING:

1 Knoblauchzehe
2 EL Zitronensaft
Salz
gem. Pfeffer

PRO PORTION:

E: 9 g, F: 17 g, Kh: 36 g, kcal: 352

1. Als Vorbereitung die Cashewkerne großzügig mit heißem Wasser bedeckt mindestens 6 Stunden einweichen.

2. Für die Süßkartoffel-Fries den Salbei abspülen, trocken schütteln und grob schneiden, dann mit etwa 1 TL Salz in einem Mörser zerstoßen.

3. Die Süßkartoffeln schälen, waschen und mit einem Gemüsehobel oder einer Küchenmaschine längs in sehr feine Scheiben schneiden. Das Öl in einem Wok oder in einer tiefen Pfanne stark erhitzen. Die Süßkartoffelscheiben portionsweise im Öl goldbraun frittieren, mit einer Schaumkelle herausheben und auf Küchenpapier abtropfen lassen. Mit dem Salbeisalz bestreuen.

4. Für die Salatmischung die Zwiebeln abziehen und in feine Ringe schneiden. Die Champignons putzen, evtl. kurz abspülen und trocken tupfen. Die Champignons in feine Scheiben schneiden.

5. Die Paprikaschoten halbieren, entstielen, entkernen und die weißen Scheidewände entfernen. Die Paprika abspülen, abtropfen lassen und in Streifen schneiden. Die Blattsalate verlesen, gründlich waschen, abtropfen lassen und trocken schleudern.

6. Für das Dressing den Knoblauch abziehen und in feine Würfel schneiden. Die Cashewkerne in ein Sieb abgießen und in einem Mixer mit Knoblauch, 120 ml Wasser und Zitronensaft zu einem cremigen Dressing pürieren. Das Dressing mit Salz und Pfeffer abschmecken.

7. Die vorbereiteten Salatzutaten mit den Süßkartoffel-Fries auf Teller verteilen und mit dem Dressing beträufeln.

BLATTSALAT MIT ZIEGENKÄSE IN SPECK

Zubereitungszeit: 25 Minuten
Garzeit: 30 Minuten

ZUTATEN FÜR 4 PORTIONEN

FÜR DEN BLATTSALAT:

2 Knoblauchzehen
1 Bund glatte Petersilie
1 mittelgroße Süßkartoffel (etwa 330 g)
5 EL Olivenöl
200 ml Gemüsebrühe
Salz
150 ml frisch gepresster Orangensaft
2 EL milder Apfelessig
gem. Pfeffer
evtl. Currypulver mild
300 g Blattsalat-Mix, z. B. Endivie, Rucola, Frisée, Feldsalat, Radicchio
2 kleine rote Zwiebeln

FÜR DEN ZIEGENKÄSE IN SPECK:

4 Ziegenkäsetaler (je etwa 40 g)
8 dünne Scheiben Bacon (Frühstücksspeck)
etwa 1 TL Speiseöl zum Braten

PRO PORTION:

E: 12 g, F: 42 g, Kh: 27 g, kcal: 540

1. Für den Salat den Knoblauch abziehen und fein würfeln. Die Petersilie abspülen und trocken tupfen, die Blätter abzupfen und beiseitelegen. Die Petersilienstängel klein schneiden. Die Süßkartoffel schälen, abspülen, abtropfen lassen und etwa 2 cm groß würfeln.

2. In einem Topf 2 EL Olivenöl erhitzen. Knoblauch, Süßkartoffel und Petersilienstängel darin andünsten. Mit der Brühe ablöschen, mit Salz würzen, zugedeckt zum Kochen bringen und in etwa 10 Minuten sehr weich garen.

3. Süßkartoffelmischung, Orangensaft und restliches Olivenöl (3 EL) in einem hohen Rührbecher mit einem Stabmixer fein und sämig pürieren. Mit Essig, Salz, Pfeffer und nach Belieben etwas Currypulver abschmecken.

4. Die Blattsalate putzen, abspülen, trocken tupfen und kleiner zupfen. Die Zwiebeln abziehen, in dünne Scheiben schneiden, diese dann in Ringe teilen. Die Petersilienblätter klein schneiden.

5. Für den Ziegenkäse in Speck jeden Käsetaler mit je 2 Scheiben Bacon umwickeln. Etwas Öl zum Braten in einer beschichteten Pfanne erhitzen und die Taler darin bei mittlerer Hitze in etwa 5 Minuten rundherum leicht braun anbraten.

6. Die Blattsalate auf einer Platte anrichten, die Zwiebeln darauf verteilen und alles mit Dressing beträufeln. Die Käsetaler darauflegen.

REZEPTVARIANTE (TITELFOTO OBEN LINKS):

Für eine **vegane Variante** den Ziegenkäse in Speck durch Paprikalinsen ersetzen. Dafür 1 rote Paprikaschote halbieren, entstielen, entkernen und die weißen Scheidewände entfernen. Schote abspülen, trocken tupfen und 1 cm groß würfeln. 1 Knoblauchzehe abziehen, fein würfeln. 1 EL Olivenöl in einem Topf erhitzen, Paprika und Knoblauch darin andünsten. 400 ml Gemüsebrühe und 200 g Beluga-Linsen hinzufügen. Linsen bei schwacher Hitze in etwa 30 Minuten weich garen.

BLUMENKOHLSALAT

Zubereitungszeit: 45 Minuten
+ Vegan

ZUTATEN FÜR 4 PORTIONEN

250 g Möhren
1 Blumenkohl (etwa 800 g)
4 EL Rapsöl
Salz
1 Bund Frühlingszwiebeln (etwa 100 g)
50 g Mandelstifte

FÜR DAS DRESSING:

70 g dunkles Mandelmus
(z. B. aus dem Reformhaus)
2–3 EL Aceto balsamico
Salz
gem. Pfeffer
2–3 TL Agavendicksaft

PRO PORTION:

E: 9 g, F: 28 g, Kh: 17 g, kcal: 366

1. Die Möhren putzen, schälen, abspülen und quer in dünne Scheiben schneiden. Den Blumenkohl putzen, die jungen Hüllblätter beiseitelegen. Den Kohl in kleine Röschen teilen. Strunk, Röschen und Hüllblätter abspülen und abtropfen lassen. Den Strunk schälen, den holzigen Teil entfernen und den Rest in kleine Würfel schneiden.

2. Das Rapsöl in einem breiten Topf erhitzen. Kohlröschen und -würfel darin bei mittlerer Hitze andünsten. Die Möhrenscheiben und etwa 70 ml Wasser dazugeben, salzen und alles zugedeckt bei schwacher bis mittlerer Hitze 3 Minuten dünsten. Inzwischen die Hüllblätter quer in feine Streifen schneiden. Die Streifen in den Topf geben und 1 Minute mitdünsten.

3. Die Frühlingszwiebeln putzen, abspülen, abtropfen lassen und in feine Ringe schneiden. Das gedünstete Gemüse in einem Sieb abtropfen lassen, dabei den Garsud auffangen. Die Zwiebelringe unter das abgetropfte Gemüse heben. Das Gemüse erkalten lassen. Die Mandelstifte in einer Pfanne ohne Fett goldbraun rösten und anschließend auf einem Teller erkalten lassen.

4. Inzwischen für das Dressing Mandelmus, Aceto balsamico und 5 EL aufgefangenen Garsud verrühren. Das Dressing mit Salz, Pfeffer und Agavendicksaft abschmecken.

5. Das Gemüse mit den Mandelstiften mischen, auf Tellern anrichten und mit etwas Dressing beträufeln. Das übrige Dressing dazu servieren.

TIPP:

Für ein Dressing ohne Mandelmus können Sie den Sud mit 3–4 EL Weißweinessig, Agavendicksaft, etwas Senf und 6 EL Rapsöl verrühren. Das Dressing mit Salz und Pfeffer abschmecken und komplett unter das Gemüse heben. Den Salat 30 Minuten durchziehen lassen und mit Mandelstiften bestreut servieren.

BLUMENKOHLSALAT SPANISCHE ART

Zubereitungszeit: 30 Minuten, ohne Abkühlzeit
Garzeit: 10–15 Minuten

ZUTATEN FÜR 4 PORTIONEN

1 großer Blumenkohl
Salz
100 g TK-Erbsen
2 Eier (Größe M)
1–2 Knoblauchzehen
1 abgetropftes, eingelegtes Sardellenfilet
1 TL milder Senf
2 EL Weißweinessig oder Zitronensaft
4 EL mildes Speiseöl, z. B. Traubenkernöl
2 EL Olivenöl
125 g Joghurt (3,5 % Fett)
gem. Pfeffer
1 Prise Zucker
1 Bund Schnittlauch

ZUM ANRICHTEN:

100 g Chorizo (würzige spanische Paprikawurst)
200 g kleine milde grüne Chilischoten (Pimientos de Padrón)
1 EL Olivenöl
Meersalz

PRO PORTION:

E: 18 g, F: 28 g, Kh: 12 g, kcal: 396

1. Den Blumenkohl putzen, in Röschen teilen, abspülen und abtropfen lassen. Etwas Wasser in einem weiten Topf erhitzen.

2. Den Blumenkohl mit etwas Salz in den Topf geben. Zugedeckt bei schwacher Hitze je nach Größe der Röschen in 10–15 Minuten bissfest dünsten. Die Erbsen etwa 2 Minuten mitgaren. Das Gemüse abgießen, in eine Schüssel geben und etwas abkühlen lassen.

3. Für das Dressing die Eier hart kochen, abschrecken und pellen. Die Eier erkalten lassen, dann jeweils halbieren. Das Eigelb herauslösen. Den Knoblauch abziehen, würfeln und mit etwa ¼ TL Salz mischen, etwas ziehen lassen. Den Knoblauch fein zerreiben, mit Sardellenfilet, Senf, Essig oder Zitronensaft, Speiseöl und 2 EL Olivenöl fein pürieren. Den Joghurt unterrühren. Mit Salz, Pfeffer und Zucker abschmecken. Den Schnittlauch abspülen, trocken schütteln, fein schneiden und unter das Dressing mischen. Das Dressing nochmals abschmecken und unter das Gemüse mischen. Den Salat etwas ziehen lassen.

4. Inzwischen zum Anrichten die Chorizo in feine Scheiben schneiden. Die Chilischoten abspülen, abtropfen lassen und trocken reiben. Das Olivenöl in einer beschichteten Pfanne erhitzen und die Chilischoten darin unter Wenden rösten. Mit Salz würzen. Salat, Chorizo und Chilischoten auf Tellern anrichten.

TIPPS:

Ein edler und würziger Zusatzgenuss: Servieren Sie den Salat mit eingelegten Kapernäpfel (aus dem Glas) und fein gehobeltem Manchego-Käse. Hacken Sie das gekochte Eiweiß fein und streuen Sie es vor dem Servieren über den Salat.

BOHNENVARIATION IN ROTER SAUCE

◷ Zubereitungszeit: 40 Minuten
Garzeit: 8–10 Minuten
+ Vegetarisch

ZUTATEN FÜR 4 PORTIONEN

300 g breite grüne Bohnen
300 g Prinzessbohnen
Salz
275 g Romatomaten
1 Chilischote
250 g abgespülte, abgetropfte weiße Bohnenkerne (aus der Dose)
250 g abgespülte, abgetropfte rote Bohnenkerne (aus der Dose)
400 g stückige Tomaten (aus der Dose)

FÜR DAS DRESSING:

4 EL Weißweinessig
6 EL Olivenöl
Salz
gem. Pfeffer
1 Prise Zucker

ZUSÄTZLICH:

1 kleines Baguette (etwa 200 g)
60 g ger. Parmesan oder eine vegetarische Hartkäsesorte, z. B. Montello

PRO PORTION:

E: 24 g, F: 22 g, Kh: 60 g, kcal: 538

1. Von den breiten grünen Bohnen und Prinzessbohnen die Enden abschneiden, evtl. abfädeln. Bohnen abspülen, abtropfen lassen und in etwa 5 cm lange Stücke schneiden. Die Bohnenstücke in kochendem Salzwasser 8–10 Minuten garen.

2. Die Bohnen in ein Sieb abgießen, mit kaltem Wasser abschrecken und abtropfen lassen.

3. In der Zwischenzeit die Tomaten abspülen, abtrocknen, halbieren und die Stängelansätze herausschneiden. Die Tomaten in Würfel schneiden. Die Chilischote abspülen, abtrocknen, längs halbieren, entstielen, entkernen und in dünne Streifen schneiden.

4. Die abgetropften Bohnen mit den weißen und roten Bohnen in eine große Schüssel geben. Tomatenwürfel, stückige Tomaten und Chilistreifen untermischen.

5. Für das Dressing Essig mit Olivenöl verquirlen, mit Salz, Pfeffer und Zucker würzen. Das Dressing mit den Salatzutaten vermischen.

6. Den Backofengrill (auf etwa 240 °C) vorheizen. Das Baguette in 1–2 cm dicke Scheiben schneiden. Die Baguettescheiben mit Käse bestreuen und auf ein Backblech legen. Das Backblech unter den vorgeheizten Grill schieben. Die Baguettescheiben kurz überbacken.

7. Den Salat nochmals mit Salz, Pfeffer und etwas Zucker abschmecken und mit Baguette servieren.

BROKKOLI-NUDEL-SALAT MIT SESAMDRESSING

◷ Zubereitungszeit: 25 Minuten, ohne Abkühlzeit
+ Vegan

ZUTATEN FÜR 6 PORTIONEN

Salz
200–250 g Muschelnudeln
(oder andere Pasta nach Wahl)
500 g Brokkoli
2 Schalotten
1 große Knoblauchzehe
30 g getrocknete Tomatenhälften, in Öl
1 EL mildes Olivenöl
gem. Pfeffer
ger. Muskatnuss

FÜR DAS DRESSING:

etwa 100 ml kräftige Gemüsebrühe
100 ml Pflanzendrink, z. B. Hafer-,
Dinkel- oder Reisdrink
1 ½ EL Zitronensaft
1–2 TL milder Senf
Salz
gem. Pfeffer
1 EL geschälte Sesamsamen
2 EL geröstetes Sesamöl
110 ml mildes Olivenöl

ZUM ANRICHTEN:

100 g kleine roséfarbene Champignons
140 g abgetropfter Gemüsemais (aus der Dose)
1–2 TL Schwarzkümmel

PRO PORTION:

E: 10 g, F: 27 g, Kh: 36 g, kcal: 444

1. Wasser in einem großen Topf zugedeckt zum Kochen bringen. Salz und Nudeln dazugeben. Die Nudeln im geöffneten Topf bei mittlerer Hitze nach Packungsanleitung bissfest kochen, dabei gelegentlich umrühren.

2. Inzwischen den Brokkoli putzen und in Röschen teilen, die dicken Stiele schälen und klein schneiden. Schalotten und Knoblauch abziehen und würfeln. Die Tomaten abtropfen lassen und in dünne Streifen schneiden.

3. Das Olivenöl in einem Topf erhitzen, Schalotten und Knoblauch darin glasig dünsten. Brokkoli, Tomaten und etwa 3 EL Wasser dazugeben. Mit Salz, Pfeffer und Muskat würzen. Den Brokkoli zugedeckt bissfest dünsten. Alles in ein Sieb abgießen und abtropfen lassen.

4. Für das Dressing 100 ml Brühe, Pflanzendrink, Zitronensaft, Senf, Salz, Pfeffer und Sesamsamen in einen Mixer geben. Kräftig durchmixen, dabei nach und nach Sesamöl und Olivenöl untermixen, bis ein cremiges Dressing entstanden ist.

5. Die Nudeln in ein Sieb abgießen und abtropfen lassen. Mit Dressing, Brokkoli und Tomatenstreifen in einer Schüssel mischen. Erkalten lassen.

6. Zum Anrichten die Champignons putzen, evtl. kurz abspülen und trocken tupfen. Die Pilze in feine Scheiben schneiden.

7. Die Nudelmischung mit Salz und Pfeffer abschmecken, evtl. noch etwas Brühe untermischen. Pilze und Mais untermischen. Mit Schwarzkümmelsamen bestreuen.

BROTSALAT (PANZANELLA)

◷ Zubereitungszeit: 50 Minuten
+ Vegan

ZUTATEN FÜR 12 PORTIONEN

600 g Kastenweißbrot, in Scheiben, ohne Rinde
3 Bund Frühlingszwiebeln
3 grüne Paprikaschoten (etwa 600 g)
6 EL Rotweinessig
6 EL Aceto balsamico
1,8 kg Fleischtomaten
3 Knoblauchzehen
etwa 45 g abgetropfte Kapern (aus dem Glas)
125 ml Olivenöl
Salz
gem. Pfeffer
3 EL TK-Petersilie

PRO PORTION:

E: 6 g, F: 11 g, Kh: 32 g, kcal: 258

1. Die Weißbrotscheiben in etwa 2 cm große Würfel schneiden. Die Brotwürfel evtl. portionsweise in einer großen Pfanne ohne Fett bei mittlerer Hitze von allen Seiten in 8–10 Minuten hellbraun rösten.

2. Inzwischen die Frühlingszwiebeln putzen, abspülen, abtropfen lassen und in sehr feine Scheiben schneiden.

3. Die Paprikaschoten halbieren, entstielen, entkernen und die weißen Scheidewände entfernen. Schoten abspülen, abtropfen lassen und in kleine Würfel schneiden.

4. Die Brotwürfel in einer großen Schüssel mit den beiden Essigsorten beträufeln und etwa 15 Minuten durchziehen lassen.

5. In der Zwischenzeit die Tomaten abspülen, abtrocknen, halbieren und die Stängelansätze herausschneiden. Die Tomaten je nach Größe vierteln oder achteln, dann entkernen. Das Fruchtfleisch in Stücke schneiden. Knoblauch abziehen und durch eine Knoblauchpresse drücken oder sehr fein schneiden.

6. Frühlingszwiebelscheiben, Paprikawürfel, Knoblauch, Kapern und Olivenöl zu den eingeweichten Brotwürfeln geben. Die Zutaten gut vermischen, mit Salz und Pfeffer würzen.

7. Tomatenstücke und Petersilie zuletzt unter den Salat mischen. Den Brotsalat nochmals mit Salz und Pfeffer abschmecken und sofort servieren.

TIPPS:

Wenn Sie die Kapern hacken, verteilt sich ihr herb-würziger Geschmack noch besser im Salat. Das angebrochene Glas im Kühlschrank aufbewahren und die Kapern stets mit Flüssigkeit bedeckt halten.
Für diesen Salat können Sie die Gemüsezutaten 2–3 Stunden vor dem Servieren vorbereiten und zugedeckt in den Kühlschrank stellen. Die Brotwürfel können ebenfalls geröstet werden.

BULGUR-LIMETTEN-SALAT MIT COCKTAILTOMATEN

◷ Zubereitungszeit: 25 Minuten, ohne Abkühlzeit
Durchziehzeit: 60 Minuten
+ Vegan

ZUTATEN FÜR 4 PORTIONEN

200 g Bulgur (Weizengrütze)
etwa 500 ml Gemüsebrühe
1 Staudensellerie
250 g Cocktailtomaten
400 g mittelgroße Möhren
1 rote Zwiebel
1 Knoblauchzehe
2 Bio-Limetten
Salz
gem. Pfeffer
1 Msp. Cayennepfeffer
3 EL Olivenöl
1 Bund Schnittlauch

PRO PORTION:

E: 8 g, F: 11 g, Kh: 45 g, kcal: 333

1. Den Bulgur in einem Topf mit der Gemüsebrühe nach Packungsanleitung zubereiten (die auf der Packung angegebene Flüssigkeitsmenge verwenden). Den Topf von der Kochstelle nehmen und den Bulgur erkalten lassen.

2. Den Sellerie putzen, abspülen, abtropfen lassen, in dünne Scheiben schneiden und in eine große Salatschüssel geben. Die Tomaten abspülen, abtrocknen und evtl. die Stängelansätze herausschneiden. Die Tomaten nach Belieben halbieren oder vierteln. Die Möhren putzen, schälen, abspülen, abtropfen lassen und mit einer Küchenreibe grob raspeln. Zwiebel und Knoblauch abziehen und beides in kleine Würfel schneiden. Tomaten, Möhren, Zwiebel und Knoblauch zum Sellerie geben.

3. Den Bulgur mit zwei Gabeln auflockern und zum Gemüse geben. 1 Limette heiß abwaschen und abtrocknen. Etwa 1 geh. TL Limettenschale fein abreiben und zum Bulgur geben. Beide Limetten halbieren und den Saft auspressen.

4. In einer Schüssel 5 EL Limettensaft mit Salz, Pfeffer und Cayennepfeffer würzen, das Olivenöl unterschlagen. Das Dressing mit den Salatzutaten gut vermischen. Den Salat zugedeckt etwa 60 Minuten im Kühlschrank durchziehen lassen.

5. Den Schnittlauch abspülen, trocken tupfen, in feine Röllchen schneiden und unter den Bulgursalat heben. Den Salat mit Limettensaft und Gewürzen würzig abschmecken.

REZEPTVARIANTE:

Für **Bulgur-Limetten-Salat mit Granatapfel** (im Foto hinten) statt der Tomaten 1 Granatapfel verwenden. Den Granatapfel halbieren. Die Kerne mit einem Teelöffel aus der Schale lösen, dabei auch die weißen Trennhäutchen entfernen. Granatapfelkerne, Möhren, Zwiebel- und Knoblauchwürfeln zum Sellerie in die Schüssel geben.

BULGUR-ORANGEN-SALAT

◷ Zubereitungszeit: 15 Minuten, ohne Abkühlzeit
+ Vegetarisch

ZUTATEN FÜR 4 PORTIONEN

1 TL Instant-Gemüsebrühe
200 g grober Bulgur (Weizengrütze)
3 EL Sonnenblumenkerne
1–2 Orangen
3 EL Orangensaft (frisch gepresst oder aus der Flasche; aus dem Kühlregal)
2 EL Essig, z. B. Apfelessig
Salz
gem. Pfeffer
½ TL flüssiger Honig
4 EL Olivenöl
1 mittelgroße Knolle Fenchel (etwa 350 g)
2 große Frühlingszwiebeln
250 g abgetropfte eingelegte Rote Bete (aus dem Glas; Kugeln oder Scheiben)

PRO PORTION:

E: 8 g, F: 14 g, Kh: 46 g, kcal: 375

1. Die Instant-Gemüsebrühe mit 500 ml Wasser in einem Topf zugedeckt zum Kochen bringen. Den Bulgur einstreuen und kurz aufkochen lassen. Dann den Topf von der Kochstelle nehmen und den Bulgur etwa 10 Minuten ausquellen lassen.

2. Inzwischen die Sonnenblumenkerne in einer Pfanne ohne Fett bei mittlerer Hitze kurz rösten, dann auf einem Teller erkalten lassen. Die Orangen so schälen, dass die weiße Haut mit entfernt wird. Die Fruchtfilets mit einem scharfen Messer zwischen den Trennhäuten herausschneiden.

3. Orangensaft, Essig, etwas Salz, Pfeffer und Honig verrühren. Das Öl unterschlagen.

4. Fenchel und Frühlingszwiebeln putzen, abspülen und abtropfen lassen. Den Fenchel mit einem Gemüsehobel in feine Streifen schneiden. Die Frühlingszwiebeln in feine Scheiben schneiden. Fenchel, Frühlingszwiebeln und Orangen unter das Dressing mischen. Den Bulgur abtropfen lassen und untermischen. Kurz abkühlen lassen.

5. Die Rote Bete evtl. in Spalten schneiden. Den Salat abschmecken, mit Sonnenblumenkernen und Roter Bete anrichten.

BULGURSALAT

◷ Zubereitungszeit: 30 Minuten, ohne Abkühlzeit
Durchziehzeit: 60 Minuten
+ Vegan

ZUTATEN FÜR 4 PORTIONEN

200 g grober Bulgur (Weizengrütze)
400 ml Gemüsebrühe
1 Salatgurke
2 Fleischtomaten
1 gelbe Paprikaschote
1 Bund Frühlingszwiebeln
1 Bund glatte Petersilie
4 Stängel Minze

FÜR DAS DRESSING:

4 EL Zitronensaft
Salz
gem. Pfeffer
Zucker
gem. Kreuzkümmel (Cumin)
6–8 EL Olivenöl

PRO PORTION:

E: 8 g, F: 19 g, Kh: 47 g, kcal: 390

1. Den Bulgur in einem heißen Topf ohne Fett unter Rühren etwa 1 Minute anrösten. Dann die Brühe dazugießen und alles zum Kochen bringen. Den Bulgur zugedeckt bei schwacher Hitze etwa 15 Minuten ausquellen lassen. Den Bulgur abkühlen lassen, dabei ab und zu durchrühren.

2. In der Zwischenzeit die Gurke abwaschen, abtrocknen und die Enden abschneiden. Die Gurke in kleine Stücke schneiden.

3. Die Tomaten abspülen, abtrocknen, halbieren und die Stängelansätze herausschneiden. Die Tomaten in kleine Würfel schneiden.

4. Die Paprikaschote halbieren, entstielen, entkernen und die weißen Scheidewände entfernen. Die Schote abspülen, abtropfen lassen und in feine Würfel schneiden. Die Frühlingszwiebeln putzen, abspülen, abtropfen lassen und in feine Scheiben schneiden.

5. Petersilie und Minze abspülen und trocken tupfen, die Blätter abzupfen und fein schneiden.

6. Für das Dressing den Zitronensaft mit etwas Salz, Pfeffer, Zucker und Kreuzkümmel verrühren. Das Olivenöl unterschlagen. Die vorbereiteten Salatzutaten in einer Schüssel mit dem Dressing vermischen. Den Salat zugedeckt etwa 60 Minuten durchziehen lassen.

TIPP:

Bulgur ist eingeweichter, vorgekochter körniger Weizen. Das nussig schmeckende Getreide wird ähnlich wie Reis verwendet, hat aber einen höheren Gehalt an Eiweiß und einigen B-Vitaminen.

CAESAR-SALAT

Zubereitungszeit: 40 Minuten, ohne Abkühlzeit

ZUTATEN FÜR 6 PORTIONEN

FÜR DIE BLATTSALATE:

200 g Mini-Römersalatherzen
250 g Eisbergsalat
etwas Radicchio

FÜR DAS DRESSING:

50 g Parmesan
1 Knoblauchzehe
250 g Salatmayonnaise
150 g Crème fraîche
2 EL Weißweinessig
Salz
gem. Pfeffer

FÜR DIE CROÛTONS:

3 Scheiben Toastbrot
2 EL Butter

FÜR FLEISCH UND KÄSESPÄNE:

4 Hähnchenbrustfilets (etwa 500 g)
Salz
gem. Pfeffer
3 EL Speiseöl
50 g Parmesan

PRO PORTION:

E: 27 g, F: 37 g, Kh: 10 g, kcal: 483

1. Für die Blattsalate Römersalat, Eisbergsalat und Radicchio putzen, abspülen und sehr gut abtropfen lassen. Den Radicchio in feine Streifen schneiden und zum Garnieren getrennt von den anderen Salaten beiseitelegen. Die restlichen Salate in gröbere Streifen oder Stücke schneiden.

2. Für das Dressing den Parmesan fein reiben, Knoblauch abziehen. Mayonnaise, Crème fraîche, Knoblauch, Essig, Salz, Pfeffer und den geriebenen Parmesan in einem hohen Rührbecher mit einem Stabmixer fein pürieren. Falls das Dressing zu fest ist, evtl. noch 1 EL Wasser hinzufügen. Anschließend das Dressing abschmecken.

3. Für die Croûtons die Toastbrotscheiben entrinden und in kleine Würfel schneiden. Die Butter in einer Pfanne zerlassen und die Brotwürfel darin bei schwacher Hitze von allen Seiten goldbraun rösten. Herausnehmen und beiseitelegen.

4. Für das Fleisch die Hähnchenbrustfilets mit Küchenpapier abtupfen, mit Salz und Pfeffer würzen. Das Öl in einer Pfanne erhitzen und die Filets darin auf beiden Seiten kräftig anbraten. Dann bei mittlerer Hitze in etwa 10 Minuten fertig garen, dabei ab und zu wenden. Das Fleisch aus der Pfanne nehmen und etwas abkühlen lassen, anschließend in Scheiben schneiden.

5. Den Römer- und Eisbergsalat mit dem Dressing vermischen und in tiefen Tellern anrichten. Den Parmesan in feine Späne hobeln. Den Salat mit Parmesan, beiseitegelegtem Radicchio, Croûtons und den Hähnchenfiletscheiben garnieren.

TIPP:

Wenig Zeit? Einfach fertige Croûtons und gehobelten Parmesan aus dem Kühlregal verwenden!

REZEPTVARIANTE:

Für eine vegetarische Variante das Hähnchen durch ohne Fett gebratene Halloumi-Scheiben ersetzen, den Parmesan durch einen Käse ohne tierisches Lab, z. B. Montello.

CHAMPIGNONSALAT MIT LÖWENZAHN

Zubereitungszeit: 25 Minuten
+ Vegan

ZUTATEN FÜR 2 PORTIONEN

je 200 g weiße und braune Champignons
125 g Löwenzahnsalat
100 g Rucola (Rauke)

FÜR DAS DRESSING:

1 Bio-Zitrone
Salz
gem. Pfeffer
1 Prise Vollrohrzucker
3 ½ EL Speiseöl, z. B. Raps- oder Walnussöl
evtl. 1 EL Sonnenblumenkerne

PRO PORTION:

E: 11 g, F: 19 g, Kh: 5 g, kcal: 223

1. Die Champignons putzen, evtl. kurz abspülen und trocken tupfen. Die Champignons je nach Größe halbieren oder vierteln.

2. Löwenzahn und Rucola verlesen, die dicken Stängel abschneiden. Löwenzahn und Rucola abspülen, abtropfen lassen und trocken tupfen oder trocken schleudern. Die Blätter etwas kleiner zupfen.

3. Für das Dressing die Zitrone heiß abwaschen und abtrocknen, etwas von der Schale fein abreiben. Die Zitrone halbieren, aus einer Hälfte den Saft auspressen. 1 ½–2 EL Zitronensaft mit etwas Salz, Pfeffer und Zucker verrühren. Das Speiseöl unterschlagen und etwa 1 TL Zitronenschale unterrühren.

4. Champignons, Löwenzahn und Rucola in eine Schüssel geben. Das Dressing dazugeben und alles vorsichtig vermengen. Den Salat nach Belieben mit Sonnenblumenkernen bestreuen.

TIPPS:

Als Vorspeise oder Beilage reicht der Salat auch für 4 Portionen.
Die Sonnenblumenkerne schmecken noch aromatischer, wenn man sie zuvor in einer Pfanne ohne Fett anröstet.
Löwenzahn gibt es vor allem in den Frühjahrs- und Sommermonaten zu kaufen. Im Herbst bzw. Winter den Salat stattdessen mit glatter Petersilie oder Feldsalat zubereiten.

CHAMPIGNONSALAT MIT TOMATEN

Zubereitungszeit: 30 Minuten
+ Vegetarisch

ZUTATEN FÜR 4 PORTIONEN

FÜR DEN SALAT:

300 g kleine braune Champignons
150 g Cocktailtomaten
1 EL Olivenöl
10 g Pinienkerne
½ TL Fenchelsamen
1–2 EL Weißweinessig
Salz
50 g Rucola (Rauke)

ZUM ANRICHTEN:

100 g abgetropfter Fetakäse (15 % Fett)
1 TL Olivenöl
4 Scheiben Vollkorntoastbrot
100 g Joghurt (3,5 % Fett)
gem. Pfeffer

PRO PORTION:

E: 14 g, F: 10 g, Kh: 14 g, kcal: 194

1. Die Champignons putzen, evtl. kurz abspülen und trocken tupfen. Die Champignons je nach Größe halbieren oder vierteln. Die Tomaten abspülen, abtrocknen, vierteln und evtl. die Stängelansätze herausschneiden.

2. Das Olivenöl in einer großen Pfanne erhitzen und die Pinienkerne darin unter Rühren kurz anrösten. Champignons mit Fenchelsamen dazugeben und unter Rühren etwa 3 Minuten garen. Die Tomatenviertel unterheben. Den Essig unterrühren und alles mit Salz würzen. Die Pfanne von der Kochstelle nehmen.

3. Den Rucola putzen und die dicken Stiele abschneiden. Den Rucola abspülen und gut abtropfen lassen oder trocken schleudern, evtl. etwas kleiner zupfen. Den Rucola unter den Champignon-Tomaten-Salat mischen.

4. Zum Anrichten den Fetakäse in etwa 2 cm große Würfel schneiden. Das Olivenöl in einer Pfanne erhitzen und die Käsewürfel darin von allen Seiten leicht braun anbraten. Die Brotscheiben toasten. Den Joghurt glatt rühren und mit etwas Pfeffer würzen.

5. Den Salat auf den Toastbrotscheiben verteilen. Die Käsewürfel daraufgeben, mit je 1 Klecks Pfeffer-Joghurt verzieren und sofort servieren.

CHICORÉE-TOMATEN-SALAT MIT OMELETTRÖLLCHEN

◔ Zubereitungszeit: 15 Minuten, ohne Abkühlzeit
+ Vegetarisch

ZUTATEN FÜR 1 PORTION

FÜR DIE OMELETTRÖLLCHEN:

1 Ei (Größe M)
10 g Hafer-Schmelzflocken
1 TL Sojasauce oder etwas Salz
gem. Pfeffer
1 TL gehackte Petersilie (frisch oder TK)
½ TL Sonnenblumenöl
50 g Frischkäse (0,2 % Fett)
15 g Ajvar, mild (rote Paprikapaste; aus dem Glas)

FÜR DEN SALAT:

1 kleine Knoblauchzehe
Salz
½ TL milder Dijon-Senf
½ TL flüssiger Honig
60 g Joghurt (3,5 % Fett)
gem. Pfeffer
1 Chicorée (etwa 175 g)
½ kleiner Radicchio (etwa 120 g)
5 Cocktailtomaten (etwa 90 g)

PRO PORTION:

E: 20 g, F: 12 g, Kh: 25 g, kcal: 291

1. Für das Omelett Ei, Schmelzflocken, 3 EL kaltes Wasser, Sojasauce oder Salz, Pfeffer und Petersilie in einer Schüssel mit einem Schneebesen verquirlen. Die Masse etwa 3 Minuten quellen lassen.

2. Inzwischen für den Salat den Knoblauch abziehen, in feine Würfel schneiden, mit 1 Msp. Salz bestreuen und fein zerreiben. Den Knoblauch in einem Schälchen mit Senf, Honig, Joghurt und Pfeffer gut verrühren.

3. Vom Chicorée und Radicchio evtl. die trockenen welken Blätter ablösen. Die Salate halbieren und die dicken Blattrippen herausschneiden. Die Salate in Streifen schneiden, abspülen und gut abtropfen lassen. Die Tomaten abspülen, abtrocknen und jeweils halbieren, dabei evtl. die Stängelansätze herausschneiden.

4. Zum Fertigstellen des Omeletts das Öl in einer beschichteten Pfanne (Ø 24 cm) erhitzen. Die Omlettmasse gleichmäßig in der Pfanne verteilen. Das Omelett bei mittlerer Hitze auf beiden Seiten hellbraun backen, dann auf einen Teller gleiten lassen und etwas abkühlen lassen.

5. Das Omelett mit Frischkäse bestreichen, mit etwas Salz und Pfeffer würzen, Ajvar daraufgeben. Das Omelett aufrollen und schräg in breite Stücke schneiden, evtl. mit kleinen Holzspießen fixieren. Salatzutaten und Dressing mischen. Den Salat mit den Omeletttröllchen auf einem Teller anrichten.

CHINAKOHLSALAT MIT FRISCHKÄSE

⏲ Zubereitungszeit: 25 Minuten
+ Vegetarisch

ZUTATEN FÜR 4 PORTIONEN

600 g Chinakohl
100 g Kräuter-Frischkäse
4 EL Schlagsahne
175 g abgetropfte Mandarinen (aus der Dose; Einlegeflüssigkeit aufgefangen)
1–2 EL Weißweinessig
Salz
Zucker
gem. Pfeffer

PRO PORTION:

E: 4 g, F: 10 g, Kh: 12 g, kcal: 162

1. Vom Chinakohl die äußeren welken Blätter entfernen, den Kohl vierteln und den Strunk herausschneiden. Den Chinakohl abspülen, gut abtropfen lassen, evtl. trocken tupfen und in schmale Streifen schneiden.

2. Für das Dressing Kräuter-Frischkäse und Sahne mit 4 EL aufgefangener Mandarinen-Einlegeflüssigkeit verrühren. Das Dressing mit Essig, Salz, Zucker und Pfeffer würzen.

3. Chinakohl, Mandarinen und Dressing in einer Schüssel vermischen. Den Salat auf Salatschälchen verteilen und sofort servieren.

TIPP:

Wer ein etwas leichteres und erfrischenderes Dressing wünscht, kann statt Frischkäse und Sahne etwa 150 g Joghurt (3,5 % Fett) verwenden. Als Garnitur passen z. B. Radieschensprossen.

COBB-SALAT MIT BLAUSCHIMMELKÄSE

Zubereitungszeit: 35 Minuten

ZUTATEN FÜR 4 PORTIONEN

2 Mini-Römersalate (400 g)
250 g braune Champignons
2 reife Avocados
3 EL Zitronensaft
gem. Pfeffer
6 EL Rapsöl
4 Minutensteaks vom Rind (je 140 g)
Salz
4 Scheiben Bacon (Frühstücksspeck; etwa 50 g)
3–4 EL Aceto balsamico
1–2 EL Ahornsirup
80 g Blauschimmelkäse (z. B. Gorgonzola)

PRO PORTION:

E: 41 g, F: 43 g, Kh: 10 g, kcal: 598

1. Die Römersalate putzen, zerteilen, waschen und trocken schleudern. Die Salatblätter in etwa 2 cm breite Streifen schneiden. Die Champignons putzen, evtl. kurz abspülen und trocken tupfen. Die Champignons in dünne Scheiben schneiden. Die Avocados halbieren und die Kerne entfernen. Das Fruchtfleisch aus der Schale lösen und quer in Scheiben schneiden. Die Scheiben mit Zitronensaft beträufeln und mit Pfeffer bestreuen.

2. In einer Pfanne 2 EL Rapsöl erhitzen. Die Steaks darin auf auf beiden Seiten je etwa 30 Sekunden braten, dann mit Salz und Pfeffer würzen. Auf einen vorgewärmten Teller legen, zudecken und 5 Minuten ruhen lassen. Den Bratensatz in der Pfanne mit 4 EL Wasser ablöschen und in eine Schüssel geben.

3. Die Pfanne erneut erhitzen. Die Baconscheiben darin bei schwacher Hitze auf beiden Seiten goldbraun braten, anschließend auf Küchenpapier abtropfen lassen.

4. Für das Dressing den Bratensatz in der Schüssel mit Aceto balsamico, Salz, Pfeffer und Ahornsirup verrühren. Das restliche Rapsöl (4 EL) unterschlagen und das Dressing mit Salz und Pfeffer abschmecken.

5. Die Steaks quer in Streifen schneiden, dabei den Fleischsaft auffangen und zum Dressing geben. Salat, Champignons, Avocadoscheiben und Steakstreifen auf Teller oder in flache Schüsseln verteilen. Den Blauschimmelkäse in Scheiben schneiden und mit dem Bacon auf den Salat geben. Mit dem Dressing servieren.

TIPP:

Anstelle von Rindersteaks können Sie ebenso Schweinesteaks, Puten- oder Hähnchenbrust verwenden. Wichtig ist, das Fleisch nur kurz zu braten und zugedeckt noch etwas ruhen zu lassen. So bleibt es saftig.

COLESLAW

◔ Zubereitungszeit: 20 Minuten
+ Vegetarisch

ZUTATEN FÜR 4 PORTIONEN

1 kleiner Spitzkohl
Salz
etwa ½ EL brauner Rohrzucker
2–3 Möhren
evtl. Cayennepfeffer

FÜR DAS DRESSING:

200 g Schmand (Sauerrahm)
1 EL Delikatess-Mayonnaise
½ EL scharfer Senf
2 EL Weißwein- oder Apfelessig

PRO PORTION:

E: 4 g, F: 13 g, Kh: 15 g, kcal: 212

1. Vom Spitzkohl die äußeren welken Blätter entfernen. Den Kohl halbieren, abspülen und abtropfen lassen, den Strunk herausschneiden. Den Spitzkohl mit einem Gemüsehobel oder einem Messer in feine Streifen schneiden und in eine Schüssel geben, mit 1 gestr. EL Salz und dem Zucker würzen. Die Kohlstreifen mit den Händen gut weich kneten und beiseitestellen.

2. Die Möhren putzen, schälen, abspülen, abtropfen lassen und mit einer Küchenreibe nach Belieben grob oder fein raspeln.

3. Für das Dressing Schmand, Mayonnaise, Senf und Essig verrühren.

4. Die Spitzkohlstreifen in einem Sieb abtropfen lassen und nochmals gut mit den Händen ausdrücken. Dann die Kohlstreifen in einer Schüssel mit dem Dressing und den Möhrenraspeln mischen.

5. Den Coleslaw nochmals mit etwas Zucker und Salz sowie nach Belieben mit etwas Cayennepfeffer abschmecken.

TIPPS:

Um eine kräftigere süße Note in den Salat zu bringen, noch 1–2 EL Rosinen oder Cranberrys oder in Würfel geschnittene Soft-Aprikosen oder -pflaumen unter den Salat mischen.
Coleslaw passt gut zu Grillfleisch oder als zusätzliche Beilage im Brötchen mit Pulled Pork oder mit Bratwurst.
Anstelle von 1 kleinen Spitzkohl können Sie auch ½ jungen Weißkohl verwenden.

COUSCOUS-LINSEN-SALAT

Zubereitungszeit: 20 Minuten
Durchziehzeit: 60 Minuten
+ Vegan

ZUTATEN FÜR 4 PORTIONEN

250 g Couscous
etwa 375 ml Gemüsebrühe
200 g rote Linsen
2 Zwiebeln
1 Knoblauchzehe
2 gelbe Paprikaschoten
1 große Salatgurke
2 Fleischtomaten
½ Bund Petersilie

FÜR DAS DRESSING:

Saft von 1 Zitrone
2–3 EL Olivenöl
Salz, gem. Pfeffer
½ TL Chilipulver
Zucker

PRO PORTION:

E: 23 g, F: 10 g, Kh: 81 g, kcal: 514

1. Den Couscous mit Brühe nach Packungsanleitung zubereiten (die auf der Packung angegebene Flüssigkeitsmenge verwenden). Erkalten lassen.

2. Inzwischen die Linsen nach Packungsanleitung in Wasser in etwa 10 Minuten bissfest garen. In ein Sieb abgießen, kalt abschrecken, abtropfen und abkühlen lassen. Beiseitestellen.

3. Zwiebeln und Knoblauch abziehen und fein würfeln. Die Paprikaschoten halbieren, entstielen, entkernen und die weißen Scheidewände entfernen. Die Schoten abspülen, abtropfen lassen und klein würfeln.

4. Die Gurke abspülen, abtrocknen und die Enden abschneiden. Die Gurke längs halbieren, entkernen und in schmale Streifen schneiden. Die Tomaten kreuzweise einschneiden und mit kochendem Wasser übergießen. Nach 1–2 Minuten herausnehmen, mit kaltem Wasser abschrecken, häuten, halbieren und die Stängelansätze herausschneiden. Die Tomaten klein schneiden.

5. Den Couscous in einer Salatschüssel mit zwei Gabeln etwas auflockern. Zwiebeln, Knoblauch, Paprika, Gurken und Tomaten unter den Couscous heben.

6. Für das Dressing Zitronensaft mit Olivenöl verquirlen, mit Salz, Pfeffer, Chili und Zucker würzen. Couscousmischung und Dressing mischen. Die Linsen unterheben. Zugedeckt mindestens 60 Minuten durchziehen lassen.

7. Die Petersilie abspülen und trocken tupfen. Die Blätter abzupfen, klein schneiden und zum Salat geben. Den Salat nochmals durchmischen, abschmecken und servieren.

COUSCOUSSALAT

Zubereitungszeit: 20 Minuten
Durchziehzeit: 30 Minuten

+ Vegetarisch

ZUTATEN FÜR 4 PORTIONEN

3–4 EL Rosinen oder Cranberrys
1 rote Zwiebel (etwa 150 g)
2 Knoblauchzehen
2 Möhren (etwa 170 g)
1 kleine Zucchini (etwa 120 g)
4 Frühlingszwiebeln
2 Tomaten (etwa 130 g)
1 Bio-Zitrone
250 g Couscous
½ EL Ras el-Hanout (arabische Gewürzmischung)
1 Msp. gem. Zimt
2–3 EL Olivenöl
Salz, gem. Pfeffer
1 kleines Bund glatte Petersilie
3–4 EL Cashewkerne, gesalzen und geröstet
½ EL flüssiger Honig
1 EL Nussöl, z. B. Walnussöl

PRO PORTION:

E: 11 g, F: 12 g, Kh: 54 g, kcal: 391

1. Die Rosinen oder Cranberrys 10–15 Minuten in lauwarmem Wasser einweichen. Anschließend in einem Küchensieb abtropfen lassen.

2. Inzwischen Zwiebel und Knoblauch abziehen und fein würfeln. Die Möhren schälen. Die Zucchini abspülen und abtropfen lassen, die Enden abschneiden. Möhren und Zucchini in etwa ½ cm große Würfel schneiden. Die Frühlingszwiebeln putzen, abspülen, abtropfen lassen und in Ringe schneiden. Die Tomaten abspülen, vierteln, entkernen und die Stängelansätze herausschneiden. Die Tomaten in kleine Würfel schneiden. Die Zitrone heiß abwaschen und abtrocknen, die Zitronenschale fein abreiben und den Saft auspressen.

3. Den Couscous mit Ras el-Hanout, Zimt und Wasser nach Packungsanleitung zubereiten (die auf der Packung angegebene Wassermenge verwenden).

4. In der Zwischenzeit das Olivenöl in einer Pfanne erhitzen. Zwiebel-, Knoblauch-, Möhren- und Zucchiniwürfel darin bei mittlerer Hitze etwa 5 Minuten leicht anbraten. Die Frühlingszwiebelringe dazugeben und kurz mit anbraten. Den Zitronensaft dazugeben und das Gemüse mit Salz und Pfeffer würzen.

5. Die Petersilie abspülen und trocken tupfen, die Blätter abzupfen und klein schneiden.

6. Den vorbereiteten Couscous mit dem Gemüse aus der Pfanne, Tomatenwürfeln, abgetropften Rosinen, Petersilie, Cashewkernen, Zitronenschale, Honig und Nussöl vermischen. Den Salat mit Salz und Pfeffer abschmecken und etwa 30 Minuten durchziehen lassen.

COUSCOUSSALAT MIT SPARGEL UND EI

Zubereitungszeit: 35 Minuten
+ Vegetarisch

ZUTATEN FÜR 4 PORTIONEN

2 hart gekochte Eier (Größe nach Belieben)
500 g weißer Spargel
500 g grüner Spargel
2 Schalotten
200 g Cocktailtomaten
60 g junger Blattspinat
2 EL Butter
150 ml Gemüsebrühe
Salz
gem. Pfeffer
150 g Couscous
1 Bio-Zitrone
1 Bund Minze
3 EL Olivenöl

PRO PORTION:

E: 13 g, F: 19 g, Kh: 36 g, kcal: 370

1. Die Eier pellen und evtl. mit einem Eierschneider achteln. Den weißen Spargel von oben nach unten schälen. Darauf achten, dass die Schalen vollständig entfernt, die Köpfe aber nicht verletzt werden. Die unteren Enden abschneiden (holzige Stellen vollkommen entfernen). Vom grünen Spargel nur das untere Drittel schälen und die Enden abschneiden. Beide Spargelsorten abspülen, abtropfen lassen und schräg in mundgerechte Stücke schneiden.

2. Die Schalotten abziehen, zuerst in Scheiben schneiden, dann in Ringe teilen. Die Tomaten abspülen, trocken tupfen und die Stängelansätze herausschneiden. Den Spinat verlesen und die dicken Stiele entfernen. Den Spinat gründlich waschen und abtropfen lassen.

3. Die Butter in einem Topf zerlassen und die Schalotten darin andünsten. Den weißen Spargel dazugeben. Die Brühe dazugießen, mit Salz und Pfeffer würzen. Weißen Spargel etwa 5 Minuten bei mittlerer Hitze unter Rühren dünsten. Den grünen Spargel dazugeben und alles etwa 5 Minuten weiterdünsten. Die Tomaten dazugeben und kurz mit andünsten.

4. In der Zwischenzeit den Couscous mit Wasser nach Packungsanleitung zubereiten (die auf der Packung angegebene Wassermenge verwenden). Die Zitrone heiß abwaschen und abtrocknen, die Schale fein abreiben. Die Zitrone halbieren, den Saft auspressen. Die Minze abspülen und trocken tupfen, die Blätter abzupfen und klein schneiden.

5. Den Couscous mit zwei Gabeln auflockern und unter das Gemüse heben. Mit Öl, Zitronenschale, -saft, Minze, Salz und Pfeffer abschmecken. Den Salat mit Eiern und Spinat in Schalen anrichten.

COUSCOUSSALAT MIT SPIESSEN

Zubereitungszeit: 45 Minuten
Marinierzeit: 60 Minuten

ZUTATEN FÜR 4 PORTIONEN

FÜR DIE SPIESSE:

400 g Putenbrustfilet
2 EL Harissa (afrikanische Gewürzpaste)
½ gestr. TL gem. Zimt
Salz
2 EL Speiseöl zum Braten

FÜR DEN SALAT:

125 g Couscous (Instant)
2 Döschen gem. Safran (0,2 g)
Salz
400 g Tomaten
125 g Frühlingszwiebeln
60 g getrocknete Aprikosen
1 Bund glatte Petersilie
20 Minzeblätter
125 g abgetropfte Kichererbsen (aus der Dose)
1 EL gem. Kreuzkümmel (Cumin)
4 EL Zitronensaft
2 EL Olivenöl

ZUSÄTZLICH:

8 lange Holzspieße
60 g Joghurt (0,1 % Fett)

PRO PORTION:

E: 33 g, F: 11 g, Kh: 44 g, kcal: 416

1. Für die Spieße das Putenbrustfilet mit Küchenpapier abtupfen und in etwa 3 cm große Stücke schneiden. Die Fleischstücke mit Harissa und Zimt gut vermischen, dann zugedeckt im Kühlschrank etwa 60 Minuten marinieren.

2. Inzwischen für den Salat Couscous mit Safran mischen und mit Salzwasser nach Packungsanleitung zubereiten (die auf der Packung angegebene Wassermenge verwenden). In eine große Schüssel geben und erkalten lassen. Den Couscous mit zwei Gabeln etwas auflockern.

3. Die Tomaten abspülen, abtrocknen, halbieren und die Stängelansätze herausschneiden. Die Tomaten in kleine Würfel schneiden. Die Frühlingszwiebeln putzen, abspülen, abtropfen lassen und in feine Scheiben schneiden. Die Aprikosen sehr klein würfeln.

4. Petersilie und Minze abspülen und trocken tupfen. Die Petersilienblätter abzupfen. Petersilien- und Minzeblätter klein schneiden.

5. Tomatenwürfel, Frühlingszwiebeln, Aprikosen, Kräuter und Kichererbsen zum Couscous in die Schüssel geben. Die Zutaten gut vermischen. Den Salat mit Kreuzkümmel, Zitronensaft, Olivenöl und Salz würzen, nochmals gut mischen. Den Salat etwa 15 Minuten durchziehen lassen.

6. Inzwischen die marinierten Putenfleischstücke auf die Holzspieße stecken. Das Fleisch mit Salz würzen. Das Speiseöl in einer großen Pfanne erhitzen und die Putenspieße darin bei mittlerer Hitze in etwa 6 Minuten rundherum goldbraun braten. Die Putenspieße aus der Pfanne nehmen, mit Salat und Joghurt anrichten.

TIPP:

Couscous gibt es zwar überwiegend aus Hartweizengrieß, er wird aber auch aus Hirse- und Gerstengrieß hergestellt.

EIERSALAT

Zubereitungszeit: 15 Minuten
Kochzeit: 10 Minuten
Durchziehzeit: 8 Stunden
+ Vegetarisch

ZUTATEN 4–6 PORTIONEN

8 Eier (Größe M)
1 Stange Staudensellerie
2–3 Frühlingszwiebeln

FÜR DAS DRESSING:

4 EL Salatmayonnaise
2 EL Crème fraîche
2 TL scharfer Senf
1 TL Currypulver mild
Salz
gem. Pfeffer
1 Prise Zucker
Zitronensaft
Worcestersauce

PRO PORTION:

E: 14 g, F: 25 g, Kh: 3 g, kcal: 296

1. Die Eier in etwa 10 Minuten hart kochen, in kaltem Wasser abschrecken und pellen.

2. Staudensellerie und Frühlingszwiebeln putzen, abspülen und gut abtropfen lassen. Den Sellerie in feine Würfel schneiden, die Frühlingszwiebeln in feine Scheiben schneiden.

3. Für das Dressing Mayonnaise, Crème fraîche, Senf und Currypulver in einer Salatschüssel gut verrühren. Das Dressing mit Salz, Pfeffer, Zucker, etwas Zitronensaft und 1 Spritzer Worcestersauce herzhaft abschmecken.

4. Hart gekochte Eier mit einem Eierschneider oder mit einem Messer in Würfel schneiden. Eier, Staudensellerie und Frühlingszwiebeln zum Dressing geben und alles vorsichtig vermischen. Den Eiersalat im Kühlschrank etwa 8 Stunden durchziehen lassen, z. B. über Nacht.

TIPPS:

Der klassische Eiersalat schmeckt besonders lecker auf frisch gebackenem Vollkornbrot. Das Eierbrot mit Schnittlauchröllchen und knackigen Radieschenscheiben garnieren.
Für einen exotisch-pikanten Salat die Hälfte der Mayonnaise durch Mango-Chutney ersetzen und mit etwas Tabasco nachschärfen.
Auch lecker: Eiersalat auf Vollkornbrötchen mit grünem Salat, einigen Scheiben Avocado und knusprig gebratenen Baconscheiben servieren.
Sie können den Salat auch mit Shrimps oder Räucherlachsstreifen und gehacktem Dill mischen.

EISBERGSALAT MIT HÄHNCHENBRUSTFILET

Zubereitungszeit: 30 Minuten

ZUTATEN FÜR 4 PORTIONEN

350 g Hähnchenbrustfilet
Salz
gem. Pfeffer
2 EL Speiseöl, z. B. Olivenöl
4 Scheiben Vollkornbrot (je 50 g)
1 Knoblauchzehe
300 g fettarmer Joghurt (1,5 % Fett)
2 TL frische gehackte oder TK-Kräuter
1 Bund Frühlingszwiebeln (etwa 250 g)
2 Bund Radieschen (etwa 500 g)
400 g Eisbergsalat
300 g Kohlrabi
2 EL ungesalzene Erdnusskerne

PRO PORTION:

E: 32 g, F: 10 g, Kh: 34 g, kcal: 357

1. Das Hähnchenbrustfilet mit Küchenpapier abtupfen und mit Salz und Pfeffer bestreuen. 1 EL Speiseöl in einer Pfanne erhitzen. Das Fleisch darin bei starker Hitze rundherum anbraten, dann bei mittlerer Hitze unter gelegentlichem Wenden 8–10 Minuten durch braten. Das Hähnchenbrustfilet aus der Pfanne nehmen.

2. Das Brot in kleine Würfel schneiden. Das übrige Öl (1 EL) in der Pfanne erhitzen und die Brotwürfel darin unter Rühren knusprig braten.

3. Den Knoblauch abziehen und fein hacken. Joghurt, Knoblauch und Kräuter verrühren, mit Salz und Pfeffer abschmecken.

4. Frühlingszwiebeln, Radieschen und Salat putzen, Kohlrabi schälen. Alles abspülen und abtropfen lassen. Zwiebeln und Radieschen in Scheiben, Salat in kleine Stücke und Kohlrabi in Stifte schneiden. Gemüse und Joghurt mischen.

5. Das Hähnchenbrustfilet in Scheiben schneiden und mit dem Salat anrichten. Den Salat mit Erdnüssen und Brotwürfeln bestreut servieren.

FARFALLE-SCHICHTSALAT

Zubereitungszeit: 30 Minuten, ohne Abkühlzeit
Durchziehzeit: 60 Minuten
+ Vegetarisch

ZUTATEN FÜR 6 PORTIONEN

FÜR DIE SALATMISCHUNG:

Salz
250 g bunte Farfalle (Schmetterlingsnudeln)
375 g TK-Romanesco-Mix-Gemüse
300 g Tomaten
125 g Fetakäse

FÜR DAS DRESSING:

1 kleine Zwiebel
1–2 Knoblauchzehen
250 g Joghurt (3,5 % Fett)
100 g Kräuter-Doppelrahm-Frischkäse
65 g Kräuter-Crème-fraîche
4 Stängel Basilikum
gem. Pfeffer

PRO PORTION:

E: 16 g, F: 17 g, Kh: 37g, kcal: 378

1. Für die Salatmischung Wasser in einem großen Topf zugedeckt zum Kochen bringen. Dann Salz und Nudeln dazugeben. Die Nudeln im geöffneten Topf bei mittlerer Hitze nach Packungsanleitung bissfest kochen, dabei gelegentlich umrühren. Die Nudeln in ein Sieb abgießen, mit kaltem Wasser abspülen und abtropfen lassen.

2. Das gefrorene Gemüse in kochendem Salzwasser etwa 5 Minuten garen. In ein Sieb abgießen, abtropfen und erkalten lassen.

3. Die Tomaten abspülen, abtrocknen, halbieren und die Stängelansätze herausschneiden. Die Tomaten in Scheiben schneiden. Den Fetakäse in etwa 1 cm große Würfel schneiden.

4. Für das Dressing Zwiebel und Knoblauch abziehen, beides in kleine Würfel schneiden. Das Basilikum abspülen und trocken tupfen, die Blätter abzupfen. Die Hälfte der Blätter klein schneiden, die übrigen Basilikumblätter für die Garnitur beiseitelegen.

5. Joghurt, Frischkäse, Crème fraîche und klein geschnittenes Basilikum in einer Schüssel verrühren. Zwiebel und Knoblauch unterrühren. Das Dressing mit Pfeffer abschmecken.

6. Die vorbereiteten Salatzutaten in eine hohe Glasschüssel oder in Gläser schichten: Dazu der Reihe nach ein Drittel Dressing, Nudeln, Gemüse, Tomaten und Feta einschichten.

7. Den Salat nach Belieben mit Basilikumblättern bestreuen, dann zugedeckt in den Kühlschrank stellen und etwa 60 Minuten durchziehen lassen.

FELDSALAT MIT MAISPUFFERN

Zubereitungszeit: 20 Minuten

ZUTATEN FÜR 2 PORTIONEN

FÜR DEN SALAT:

1 TL Sonnenblumenöl
4 Scheiben Bacon (Frühstücksspeck)
4 EL Orangensaft (z. B. aus dem Kühlregal)
Salz, gem. Pfeffer
½ TL milder Senf
2 EL Olivenöl
75–100 g Feldsalat (servierfertig vorbereitet; z. B. aus dem Kühlregal)

FÜR DIE PUFFER:

50 g Weizenmehl (Type 405)
100 g feines Maismehl
1 gestr. TL Backpulver
120 g Buttermilch
1 Ei (Größe M)
Salz, gem. Pfeffer
etwas Tabasco
80 g abgetropfter Gemüsemais (aus der Dose)
2 EL Röstzwiebeln (aus der Packung)
1 EL Sonnenblumenöl

PRO PORTION:

E: 18 g, F: 36 g, Kh: 66 g, kcal: 678

1. Für den Salat das Sonnenblumenöl in einer beschichteten Pfanne erhitzen, den Bacon darin bei mittlerer Hitze beidseitig knusprig braten.

2. Inzwischen für die Puffer beide Mehlsorten mit Backpulver mischen. Buttermilch und Ei in einem hohen Mixbecher verquirlen. Mehlmischung, ½ TL Salz, etwas Pfeffer und Tabasco dazugeben. Den Mais dazugeben, alles mit einem Stabmixer gut durchmixen. Den Teig kurz quellen lassen.

3. Inzwischen für den Salat den Bacon aus der Pfanne nehmen und auf Küchenpapier abtropfen lassen. Für das Dressing das Bratfett in der Pfanne mit dem Orangensaft ablöschen. Salz, Pfeffer, Senf und Olivenöl unterschlagen. In eine Schüssel geben. Die Pfanne säubern.

4. Zum Fertigstellen der Puffer die Zwiebeln unter den Teig rühren. Das Sonnenblumenöl in der Pfanne erhitzen. Den Teig esslöffelweise als Puffer in die Pfanne geben. Die Puffer bei mittlerer Hitze auf beiden Seiten goldbraun braten.

5. Feldsalat und Dressing mischen, den Bacon zerbröseln und darüberstreuen. Den Salat mit den Puffern auf Tellern anrichten.

TIPPS:

Schneller geht es, wenn Sie den Salat ohne Speck zubereiten – dann Saft, Olivenöl, Senf, Salz und Pfeffer zu einem Dressing verrühren.
Der Salat reicht für 2 Personen zum Sattessen und für 3–4 Personen als Snack.

FELDSALAT MIT SCHMORWURZELN

Zubereitungszeit: 35 Minuten
Garzeit: 40 Minuten
+ Vegetarisch

ZUTATEN FÜR 4 PORTIONEN

FÜR DIE SCHMORWURZELN:

600 g Rote Beten
Salz
400 g große Möhren
400 g Pastinaken
25 g Walnusskernhälften

FÜR DIE VINAIGRETTE:

100 ml Malzbier
4 EL flüssiger Akazienhonig
8 EL Himbeeressig
1 EL Thymianblättchen
3 EL Walnussöl
Salz
gem. Pfeffer

ZUM ANRICHTEN:

100 g Feldsalat

PRO PORTION:

E: 5 g, F: 13 g, Kh: 43 g, kcal: 316

1. Ein Backblech mit Backpapier belegen. Den Backofen vorheizen.
Ober-/Unterhitze: etwa 200 °C
Heißluft: etwa 180 °C

2. Für die Schmorwurzeln die Roten Beten putzen, schälen, halbieren und in etwa 2 cm breite Spalten schneiden. Die Spalten mit Salz mischen und so auf dem Blech verteilen, dass noch etwa zwei Drittel des Blechs frei bleiben. Das Blech in den vorgeheizten Backofen (Mitte) schieben. Die Rote-Bete-Spalten etwa 10 Minuten garen.

3. In der Zwischenzeit Möhren und Pastinaken putzen, schälen, abspülen und abtropfen lassen. Möhren und Pastinaken der Länge nach vierteln. Möhren- und -Pastinakenviertel mit Salz mischen, nach den 10 Minuten Garzeit zu den Rote-Bete-Spalten auf die freie Fläche des Backblechs geben. Das Gemüse im Ofen etwa 30 Minuten weitergaren, dabei nach etwa 15 Minuten Garzeit einmal wenden. Die Walnusskernhälften vierteln und etwa 10 Minuten vor Garzeitende auf das Gemüse streuen.

4. In der Zwischenzeit für die Vinaigrette Malzbier, Honig, Himbeeressig und Thymian gut verrühren. Das Walnussöl unterschlagen. Die Vinaigrette mit Salz und Pfeffer würzen.

5. Zum Anrichten den Feldsalat verlesen und die Wurzelansätze abschneiden. Den Feldsalat gründlich waschen und trocken schleudern.

6. Nach Garzeitende das Backblech auf einen Küchenrost stellen. Die Hälfte der Vinaigrette sofort unter das heiße Gemüse mischen. Das Gemüse auf Tellern anrichten. Den Feldsalat mit der restlichen Vinaigrette mischen und ebenfalls auf die Teller geben. Den Salat sofort servieren.

TIPP:

Da frische Rote Bete stark färbt, empfiehlt es sich, beim Schälen und Schneiden Haushaltshandschuhe zu tragen.

FENCHEL-COLESLAW MIT TATAR-FRIKADELLEN

Zubereitungszeit: 20 Minuten

ZUTATEN FÜR 1 PORTION

FÜR DEN COLESLAW:

1 kleine Knolle Fenchel (etwa 175 g)
1 Stück junger Weißkohl (etwa 200 g)
Salz, gem. Pfeffer
2 EL Apfelessig
½ rosa Grapefruit (etwa 125 g)
1 EL Crème légère (etwa 25 g)
evtl. 1 Prise Chilipulver

FÜR DIE TATAR-FRIKADELLEN:

75 g Rindertatar
1 ½ EL zarte Haferflocken
½ TL milder Senf
30 g Magerquark
Salz, gem. Pfeffer
1 EL gehackte Petersilie (frisch oder TK)
1 TL Speiseöl zum Braten

PRO PORTION:

E: 29 g, F: 13 g, Kh: 31 g, kcal: 375

1. Für den Coleslaw den Fenchel abspülen, abtropfen lassen und halbieren. Den Weißkohl putzen und den Strunk herausschneiden. Fenchel und Weißkohl mit einem Gemüsehobel in feine Streifen schneiden. Mit ½ TL Salz, etwas Pfeffer und Essig in eine große Schüssel geben und gut durchkneten. Zugedeckt durchziehen lassen.

2. In der Zwischenzeit für die Frikadellen Tatar, Haferflocken, Senf, Quark, Salz, Pfeffer und Petersilie in einer Schüssel zu einem glatten Fleischteig verkneten. Aus dem Fleischteig mit leicht angefeuchteten Händen 2 gleich große Frikadellen formen.

3. Zum Fertigstellen des Coleslaws die Grapefruit so schälen, dass die weiße Haut vollständig mit entfernt wird. Die Fruchtfilets zwischen den Trennhäuten herausschneiden. Die Trennhäute ausdrücken und den Saft auffangen. Grapefruitfilets und -saft unter den Salat mischen, nochmals mit den Gewürzen abschmecken. Die Crème légère unter den Coleslaw mischen. Den Salat mit Salz und nach Belieben mit Chili abschmecken.

4. Zum Fertigstellen der Frikadellen das Speiseöl in einer kleinen beschichteten Pfanne erhitzen. Die Frikadellen darin bei mittlerer Hitze auf beiden Seiten in je 3–4 Minuten braun braten. Mit dem Salat servieren.

TIPPS:

Dieses Gericht ist perfekt zum Vorbereiten und Mitnehmen geeignet. Die Frikadellen können kalt gegessen werden, und auch der Salat übersteht eine längere, ungekühlte Transportzeit gut.
Statt Grapefruit können Sie Orangenfilets von 1 Orange (etwa 145 g) unter den Salat mischen.

FENCHEL-RUCOLA-SALAT MIT BRATWURSTKLÖSSCHEN

Zubereitungszeit: 30 Minuten

ZUTATEN FÜR 4 PORTIONEN

FÜR DEN SALAT:

2 mittelgroße Knolle Fenchel (je etwa 200 g)
Salz, gem. Pfeffer
4 EL Zitronensaft
etwa 2 TL flüssiger milder Honig
5 EL Olivenöl
etwa 200 g Rucola (Rauke)
1 TL mittelscharfer Senf

FÜR DIE BRATWURSTKLÖSSCHEN:

400 g Salsicce (rohe italienische Bratwurst mit Fenchelsamen gewürzt; alternativ grobe Bratwurst und 1 TL getrocknete Fenchelsamen)
1 Gemüsezwiebel
2 Knoblauchzehen
1 kleiner Stängel Rosmarin oder 1 TL getrocknete Rosmarinnadeln
1 große Fleischtomate
Salz, gem. Pfeffer

PRO PORTION:

E: 16 g, F: 40 g, Kh: 10 g, kcal: 472

1. Für den Salat den Fenchel putzen, das zarte Grün beiseitelegen. Die Knollen halbieren, die harten Mittelstücke herausschneiden. Den Fenchel mit einem Gemüsehobel sehr fein hobeln. Mit etwas Salz, Pfeffer, 1 EL Zitronensaft, 1 TL Honig und 1 EL Öl gut mischen, ziehen lassen.

2. Inzwischen für die Klößchen das Wurstbrät aus den Pellen drücken und zu kleinen Bällchen formen. Die Wurstklößchen in einer beschichteten Pfanne bei mittlerer Hitze unter Wenden in 3–5 Minuten rundherum braun braten.

3. Während die Klößchen braten, Zwiebel und Knoblauch abziehen und in feine Spalten schneiden. Den Rosmarin abspülen, trocken schütteln. Die Tomate waschen, den Stängelansatz herausschneiden. Die Tomate in Würfel schneiden.

4. Die Wurstklößchen aus der Pfanne nehmen. Zwiebel und Knoblauch im Bratfett unter Wenden glasig dünsten. Rosmarin, Tomaten und Wurstklößchen dazugeben, offen unter Wenden 1–2 Minuten schmoren. Mit Salz und Pfeffer abschmecken (Würze der Wurst beachten!).

5. Zum Fertigstellen des Salats den Rucola verlesen, grobe Stiele abschneiden. Den Rucola abspülen, trocken schleudern und evtl. noch etwas kleiner zupfen. Für das Dressing restlichen Honig, Senf, übrigen Zitronensaft, Salz und Pfeffer verquirlen. Restliches Öl unterschlagen.

6. Fenchelgrün abspülen, trocken schleudern und fein hacken. Unter die marinierten Fenchelstreifen mischen. Rucola, Fenchel und Wurstklößchen-Mix auf Tellern anrichten. Mit Dressing beträufeln.

GEFLÜGELSALAT MIT WEINTRAUBEN

◐ Zubereitungszeit: 40 Minuten, ohne Abkühlzeit
Durchziehzeit: 30 Minuten
+ Vegetarisch

ZUTATEN FÜR 4 PORTIONEN

FÜR DIE SALATMISCHUNG:

300 g Lauch
125 g Zartweizen
Salz
400 g Hähnchenbrustfilet
1 EL Olivenöl
gem. Pfeffer
je 200 g grüne und blaue kernlose Weintrauben
4 Stängel Estragon
4 Stängel glatte Petersilie

FÜR DAS DRESSING:

3–4 EL Weißweinessig
1–2 TL flüssiger Honig
6 EL Apfelsaft
1 EL mittelscharfer Senf
5 EL Olivenöl
Salz
gem. Pfeffer

PRO PORTION:

E: 30 g, F: 16 g, Kh: 43 g, kcal: 455

1. Für die Salatmischung den Lauch putzen, die Stange längs halbieren, gründlich waschen, abtropfen lassen und quer in dünne Streifen schneiden. Den Zartweizen nach Packungsanleitung in Salzwasser garen. 4 Minuten vor Ende der Garzeit die Lauchstreifen dazugeben. Gegarten Lauch und Zartweizen in einem Sieb mit kaltem Wasser abspülen, abtropfen und erkalten lassen.

2. Das Hähnchenbrustfilet mit Küchenpapier abtupfen und in Streifen schneiden. Das Öl in einer Pfanne erhitzen und die Hähnchenstreifen darin bei mittlerer Hitze rundherum goldbraun braten. Die Fleischstreifen mit Salz und Pfeffer würzen und erkalten lassen.

3. Die Weintrauben abspülen, abtropfen lassen und jeweils halbieren. Estragon und Petersilie abspülen und trocken tupfen. Die Blätter abzupfen. Einige Blätter für die Garnitur beiseitelegen, die übrigen Blätter klein schneiden.

4. Für das Dressing Essig, Honig, Apfelsaft, Senf und Öl in einem Mixbecher mit einem Stabmixer gut durchmixen. Das Dressing mit Salz und Pfeffer abschmecken.

5. Hähnchenfleisch, Zartweizen, Lauch, Trauben und geschnittene Kräuter in einer Schüssel mit dem Dressing vermengen. Den Salat zugedeckt im Kühlschrank etwa 30 Minuten durchziehen lassen. Den Salat umrühren, mit Salz und Pfeffer abschmecken und mit den übrigen Kräuterblättern garnieren.

TIPPS:

Statt des Zartweizens können Sie auch Reis oder Hirse für den Salat verwenden.
Für eine vegetarische oder vegane Variante das Hähnchenfleisch durch ein in Streifen geschnittenen vegetarischen oder veganen Fleischersatz (z. B. aus Seitan) ersetzen.

GEMÜSE-APFEL-SALAT VOM GRILL

Zubereitungszeit: 40 Minuten
+ Vegan

ZUTATEN FÜR 4 PORTIONEN

FÜR DIE GEMÜSEMISCHUNG:

2 Bund Frühlingszwiebeln
2 Zucchini (je etwa 250 g)
3 Äpfel, z. B. Cox Orange
40 ml Olivenöl

FÜR DIE SOJA-VINAIGRETTE:

3 EL Zitronensaft
6 EL Sojasauce
gem. Pfeffer
2–3 EL Olivenöl
2 Stängel Thymian

ZUSÄTZLICH:

1 Grillschale
1 Kästchen Gartenkresse

PRO PORTION:

E: 5 g, F: 17 g, Kh: 25 g, kcal: 277

1. Den Holzkohle-, Gas- oder Backofengrill vorbereiten und vorheizen.

2. Für die Gemüsemischung die Frühlingszwiebeln putzen. Dickere Zwiebeln der Länge nach halbieren. Die Frühlingszwiebeln abspülen und gut abtropfen lassen.

3. Die Zucchini abspülen, abtrocknen und die Enden abschneiden. Die Zucchini in etwa ½ cm dicke Scheiben schneiden. Die Äpfel abspülen, abtrocknen, vierteln und die Kerngehäuse entfernen. Die Apfelviertel in Spalten schneiden.

4. Frühlingszwiebeln, Zucchinischeiben und Apfelspalten in eine Schüssel geben. Die Zutaten mit dem Olivenöl vermischen.

5. Für die Vinaigrette Zitronensaft und Sojasauce verrühren, mit Pfeffer würzen. Das Olivenöl unterschlagen. Den Thymian abspülen und trocken tupfen, die Blättchen abzupfen und unter die Vinaigrette rühren.

6. Das vorbereitete Gemüse und die Apfelspalten gleichmäßig in der Grillschale verteilen. Die Grillschale auf den heißen Grillrost stellen. Alles etwa 12 Minuten grillen, dabei die Mischung einmal wenden.

7. Die Kresse abspülen, trocken tupfen und vom Beet schneiden. Das gegrillte Gemüse und die Apfelspalten in eine Schale oder auf eine Platte geben und mit Kresse bestreuen. Die Vinaigrette dazu servieren.

TIPPS:

Verfeinern Sie die Vinaigrette mit 1 EL Kochcreme (vegane Sahnealternative, z. B. Soja-Kochcreme). Wenn Sie sich vegan ernähren, achten Sie darauf, dass Sie Sojasauce verwenden, die aus rein pflanzlichen Zutaten hergestellt wurde.
Die Soja-Vinaigrette schmeckt auch zu anderem gegrillten Gemüse.

GEMÜSESALAT

Zubereitungszeit: 30 Minuten
+ Vegetarisch

ZUTATEN FÜR 4 PORTIONEN

FÜR DIE GEMÜSEMISCHUNG:

etwa 600 g gemischtes Gemüse, z. B. Fenchel, Möhren, Staudensellerie, Kohlrabi, Kürbis
50 g Sprossen, z. B. Rote-Bete-oder Sojasprossen

FÜR DAS DRESSING:

150 g Crème fraîche
2 EL Schlagsahne oder Milch
1–2 EL Essig, z. B. Sherryessig
Salz, gem. Pfeffer
Zucker
2 EL gehackte Kräuter, z. B. Kerbel, Basilikum

PRO PORTION:

E: 4 g, F: 13 g, Kh: 7 g, kcal: 160

1. Das Gemüse putzen, je nach Sorte schälen, abspülen und abtropfen lassen. Die Sprossen abspülen und trocken tupfen.

2. Das Gemüse je nach Sorte der Länge nach in dünne Streifen (z. B. Möhren) oder in dünne Scheiben (z. B. Fenchel, Kürbis) schneiden.

3. Für das Dressing Crème fraîche, Sahne oder Milch und Essig verrühren. Mit Salz, Pfeffer und 1 Prise Zucker würzen. Kräuter unterrühren.

4. Das Gemüse auf einer Platte anrichten und mit dem Dressing beträufeln. Den Salat mit den Sprossen garnieren.

GEMÜSESALAT IM REISBLATT MIT ERDNUSSSAUCE

Zubereitungszeit: 60 Minuten
+ Vegan

ZUTATEN FÜR 4 PORTIONEN

FÜR DEN SALAT IM REISBLATT:

4 dünne Frühlingszwiebeln (etwa 50 g)
2 Stangen Staudensellerie
etwa 150 g Möhren
1 kleine Salatgurke (etwa 100 g)
100 g Sojasprossen
je 1 Bund Koriander und Minze
12 Blätter getrocknetes Reispapier (Ø 16 cm; aus dem Asialaden)

FÜR DIE SAUCE:

100 g ungesalzene Erdnusskerne
1 kleine Chilischote
1 Knoblauchzehe
200 ml Kokosmilch
Salz, 1 EL brauner Zucker
2 EL Sojasauce
Saft von 2 Limetten

PRO PORTION:

E: 12 g, F: 21 g, Kh: 27 g, kcal: 348

1. Für den Salat im Reisblatt Frühlingszwiebeln und Sellerie putzen, abspülen, abtropfen lassen. Die Möhren putzen, schälen, abspülen, abtropfen lassen. Die Gurke abspülen, abtrocknen, die Enden abschneiden. Die Gurke längs halbieren, die Kerne mit einem Löffel herausschaben. Die vorbereiteten Gemüsesorten jeweils in etwa 5 cm lange, sehr dünne Streifen schneiden.

2. Die Sprossen abspülen und abtropfen lassen. Koriander und Minze abspülen und trocken tupfen, die Blätter von den Stängeln zupfen.

3. Die Reispapierblätter nacheinander füllen. Dafür einen tiefen Teller mit lauwarmem Wasser bereitstellen. 1 Reispapierblatt etwa 30 Sekunden (Packungsanleitung beachten) in das Wasser legen und weich werden lassen. Aus dem Wasser nehmen und auf ein Küchenbrett legen. Dann zuerst einige Kräuterblätter in die Mitte geben, darauf je 1 EL der Gemüsestreifen. Die Reispapierblätter rechts und links seitlich über der Füllung einschlagen und von einer nicht eingeschlagenen Seite aus vorsichtig aufrollen. Mit der Verschlussstelle nach unten auf eine Platte legen.

4. Für die Sauce die Erdnüsse in einer Pfanne ohne Fett bei mittlerer Hitze unter Wenden hellbraun rösten und auf einen Teller geben. Die Chilischote abspülen, trocken tupfen, entstielen und in dünne Ringe schneiden. Den Knoblauch abziehen und durch eine Knoblauchpresse drücken. Erdnüsse, Chili und Knoblauch in einer Küchenmaschine mit Messereinsatz oder einem Standmixer zu einer glatten Paste verarbeiten.

5. Die Erdnusspaste mit der Kokosmilch in einem Topf verrühren und unter Rühren aufkochen lassen. Die Sauce mit Salz, braunem Zucker, Sojasauce und Limettensaft abschmecken. Die Gemüsestreifen mit der Sauce servieren.

GLASNUDELSALAT

Zubereitungszeit: 35 Minuten
Durchziehzeit: 8 Stunden
+ Vegan

ZUTATEN FÜR 2 PORTIONEN

FÜR DIE SALATMISCHUNG:

150 g Glasnudeln (z. B. aus dem Asialaden)
1 rote Paprikaschote
½ Salatgurke
3 Frühlingszwiebeln
120 g Möhren
70 g geröstete, gesalzene Erdnusskerne

FÜR DAS DRESSING:

1 Bio-Limette
1 kleine Chilischote
50 g cremige Erdnussbutter
100 g Sweet-Chili-Sauce
2 EL Sojasauce

ZUSÄTZLICH:

evtl. ½ Bund Koriander
2 große Einmachgläser mit Deckel (je etwa 500 ml Inhalt)

PRO PORTION:

E: 21 g, F: 29 g, Kh: 102 g, kcal: 782

1. Für die Salatmischung die Glasnudeln nach Packungsanleitung garen und abkühlen lassen.

2. Die Paprikaschote halbieren, entstielen, entkernen und die weißen Scheidewände entfernen. Die Gurke abspülen, abtrocknen und das Ende abschneiden. Die Gurke längs halbieren und die Kerne mit einem Löffel herausschaben. Die Frühlingszwiebeln putzen, abspülen und abtropfen lassen. Gurke, Paprika und Frühlingszwiebeln in dünne Streifen schneiden. Die Möhren putzen, schälen, abspülen, abtropfen lassen und grob raspeln. Die Erdnusskerne grob hacken.

3. Für das Dressing die Limette heiß abwaschen und abtrocknen, die Schale fein abreiben. Die Limette halbieren und den Saft auspressen. Die Chilischote abspülen, trocken tupfen, entstielen und in feine Würfel schneiden. Limettenschale und -saft mit Chiliwürfeln, Erdnussbutter, Sweet-Chili-Sauce und Sojasauce zu einem cremigen Dressing verrühren.

4. Die Glasnudeln mit dem Gemüse und dem Dressing gut vermischen. Den Salat zugedeckt etwa 8 Stunden in den Kühlschrank stellen, z. B. über Nacht.

5. Zum Servieren nach Belieben den Koriander abspülen und trocken tupfen, die Blätter abzupfen und klein schneiden.

6. Den Salat auf die Einmachgläser verteilen und mit den gehackten Erdnusskernen und nach Belieben dem Koriander bestreuen.

TIPP:

Wer keine Erdnüsse mag oder allergisch darauf reagiert, kann stattdessen auf Cashew- oder Mandelcreme und geröstete Cashewkerne bzw. Mandeln zurückgreifen.

GLASNUDELSALAT MIT FRÜHLINGSROLLEN

Zubereitungszeit: 40 Minuten
+ Vegan

ZUTATEN FÜR 4 PORTIONEN

FÜR DEN SALAT:

100 g Zuckerschoten
Salz
1 dicke Möhre (etwa 125 g)
100 g Rotkohl
1 Bund Frühlingszwiebeln
etwa 30 g frischer Ingwer
1 Bio-Limette
1 rote Chilischote
2 EL Sojasauce
1–2 EL brauner Zucker
2 EL Sesamöl
100 g Glasnudeln
1–2 Stängel Minze
½ Bund glatte Petersilie

FÜR DIE FRÜHLINGSROLLEN:

1 l Speiseöl zum Ausbacken, z. B. Erdnussöl
10 vegane TK-Mini-Frühlingsrollen (600 g)

EVTL. FÜR DIE GARNITUR:

einige vorbereitete Minzestängel
1 Bio-Limette

PRO PORTION:

E: 4 g, F: 10 g, Kh: 48 g, kcal: 303

1. Für den Salat von den Zuckerschoten die Enden abschneiden, evtl. abfädeln. Die Zuckerschoten abspülen, abtropfen lassen und in kochendem Salzwasser kurz blanchieren. In einem Sieb mit kaltem Wasser abschrecken und abtropfen lassen.

2. Die Möhre putzen, schälen, abspülen und abtropfen lassen. Den Rotkohl putzen, abspülen und abtropfen lassen, Strunk herausschneiden. Zuckerschoten, Möhren und Rotkohl in feine Streifen schneiden bzw. hobeln. Die Frühlingszwiebeln putzen, abspülen, abtropfen lassen und in feine Scheiben schneiden.

3. Den Ingwer schälen und fein reiben. Die Limette heiß abwaschen und abtrocknen. Die Schale fein abreiben, den Saft auspressen. Die Chili halbieren, entstielen, entkernen, abspülen, abtropfen lassen und fein hacken. Sojasauce, Ingwer, Limettensaft, -schale und Chilischote verrühren. Den Zucker unterrühren, bis er sich gelöst hat. Das Sesamöl unterschlagen. Die Sauce mit etwas Salz würzen, dann mit Gemüsestreifen und Frühlingszwiebeln in einer großen Schüssel mischen. Zugedeckt etwas durchziehen lassen.

4. In der Zwischenzeit die Glasnudeln nach Packungsanleitung zubereiten, in einem Sieb abtropfen lassen und in mundgerechte Stücke schneiden (z. B. mit einer Küchenschere).

5. Für die Frühlingsrollen das Öl in einer Fritteuse oder einem Topf auf etwa 175 °C erhitzen, sodass sich um einen in das Fett gehaltenen Holzlöffelstiel Bläschen bilden. Die Frühlingsrollen im Öl portionsweise in je etwa 5 Minuten (Packungsanleitung beachten) goldbraun frittieren. Mit einer Schaumkelle herausheben und auf Küchenpapier abtropfen lassen.

6. Minze und Petersilie abspülen und trocken tupfen, die Blätter abzupfen und fein schneiden. Nudeln und Kräuter unter den Salat mischen. Frühlingsrollen und Salat auf Tellern anrichten, evtl. mit Minzestängeln ganieren. Die Limette waschen, in Spalten schneiden und dazu reichen.

GNOCCHISALAT MIT SPINAT UND TOMATEN

Zubereitungszeit: 30 Minuten
Durchziehzeit: 15 Minuten

ZUTATEN FÜR 4 PORTIONEN

FÜR DIE SALATMISCHUNG:

400 g Gnocchi (aus dem Kühlregal)
Salz
250 g TK-Erbsen
100 g frischer Blattspinat
250 g Cocktail- oder Datteltomaten
70 g abgetropfte schwarze Olivenringe

FÜR DAS DRESSING:

30 g Sardellenfilets, in Öl
2–3 EL Weißweinessig
6 EL Olivenöl
Salz
gem. Pfeffer

PRO PORTION:

E: 11 g, F: 23 g, Kh: 45 g, kcal: 298

1. Die Gnocchi in kochendem Salzwasser nach Packungsanleitung garen (2–3 Minuten). Die Gnocchi in ein Sieb abgießen, mit kaltem Wasser abschrecken und abtropfen lassen.

2. Die Erbsen in wenig kochendem Salzwasser zugedeckt 2 Minuten dünsten. Die Erbsen in ein Sieb abgießen, abtropfen lassen und dann auf einem Teller erkalten lassen.

3. Den Spinat verlesen, waschen und trocken schleudern. Die Tomaten abspülen und quer halbieren. Gnocchi, Erbsen, Tomaten und Oliven in einer Schüssel mischen.

4. Für das Dressing die Sardellenfilets auf Küchenpapier abtropfen lassen, dann in Streifen schneiden. Sardellenstreifen mit 2 EL Essig, 3 EL Wasser und Olivenöl in einen hohem Rührbecher mit einem Stabmixer fein pürieren. Das Dressing mit Salz und Pfeffer abschmecken, zur Gnocchimischung in die Schüssel geben und alles vorsichtig vermengen.

5. Den Salat etwa 15 Minuten durchziehen lassen, dann nochmals mit Pfeffer und evtl. noch etwas Essig abschmecken. Die Spinatblätter unterheben und den Salat sofort servieren.

TIPP:

Den Spinat können Sie durch Feldsalat ersetzen. Wer ein vegetarisches Dressing ohne Sardellen zubereiten möchte, kann stattdessen 1 EL geröstete gemahlene Mandeln verwenden, durch die das Dressing ebenfalls schön cremig wird.

GRIECHISCHER SALAT

● Zubereitungszeit: 20 Minuten
+ Vegetarisch

ZUTATEN FÜR 4 PORTIONEN

FÜR DIE SALATMISCHUNG:

1 große Salatgurke (etwa 375 g)
400 g Cocktailtomaten
125 g Gemüsezwiebel
200 g Fetakäse
75 g abgetropfte Oliven, mit oder ohne Stein

FÜR DAS DRESSING:

2 EL Weißweinessig
Salz
gem. Pfeffer
Zucker
5 EL Olivenöl
etwa 1 TL frische Thymianblättchen

PRO PORTION:

E: 7 g, F: 19 g, Kh: 4 g, kcal: 220

1. Für die Salatmischung die Gurke schälen und die Enden abschneiden. Die Gurke längs halbieren und evtl. die Kerne mit einem Löffel herausschaben. Die Gurkenhälften in dünne Scheiben schneiden.

2. Die Tomaten abspülen, abtrocknen und halbieren. Die Gemüsezwiebel abziehen und in dünne Scheiben schneiden. Den Fetakäse in dünne Scheiben oder kleine Stücke schneiden.

3. Die vorbereiteten Zutaten mit den Oliven auf einer großen Platte oder in einer Schüssel anrichten und vorsichtig vermengen.

4. Für das Dressing Essig mit Salz, Pfeffer und Zucker verrühren. Das Olivenöl unterschlagen. Das Dressing auf den angerichteten Salatzutaten verteilen. Den Salat mit abgespülten, trocken getupften Thymianblättchen bestreuen.

TIPPS:

Wer möchte, dass es noch etwas bunter auf dem Teller zugeht, kann den Salat mit eingelegten grünen Peperoni ergänzen.
Dazu passt Fladenbrot oder Baguette, nach Belieben geröstet und evtl. mit etwas Olivenöl beträufelt und etwas frischem Knoblauch eingerieben.

GRIECHISCHER SALAT IM GLAS

Zubereitungszeit: 50 Minuten
+ Vegetarisch

ZUTATEN FÜR 6 PORTIONEN

250 g Khitaraki (griechische Nudeln in Reisform)
1 EL Olivenöl
Salz, gem. Pfeffer
18 Cocktailtomaten
½ Salatgurke
1 gelbe Paprikaschote
½ Bund glatte Petersilie
100 g abgetropfte Oliven, in Öl, ohne Stein (aus dem Glas, Öl aufgefangen)
etwa 50 ml Öl von den Oliven
250 g griechischer Joghurt (10 % Fett)
Saft von ½ Zitrone
1 EL flüssiger Honig
½ Bund Minze

PRO PORTION:

E: 7 g, F: 17 g, Kh: 39 g, kcal: 345

1. Die Khitaraki in einem Topf nach Packungsanleitung zubereiten, in ein Sieb abgießen, mit kaltem Wasser abspülen und abtropfen lassen. Die Nudeln in einer Schüssel mit dem Olivenöl vermischen, mit Salz und Pfeffer würzen.

2. Die Tomaten abspülen, abtropfen lassen, halbieren und evtl. die Stängelansätze herausschneiden. Die Salatgurke abspülen, abtropfen lassen und das Ende abschneiden. Die Gurke in kleine Würfel schneiden.

3. Die Paprikaschote halbieren, entstielen, entkernen und die weißen Scheidewände entfernen. Die Schote abspülen, abtropfen lassen und ebenfalls klein würfeln. Die Petersilie abspülen und trocken tupfen, die Blätter abzupfen.

4. Tomatenhälften, Gurken- und Paprikawürfel, Petersilienblätter, Oliven und Öl unter die Nudeln mischen. Mit Salz und Pfeffer würzen.

5. Den Joghurt mit Zitronensaft und Honig verrühren, mit Salz würzen. Den Salat in Gläser verteilen und den Joghurt daraufgeben.

6. Die Minze abspülen, trocken tupfen und 6 kleine Spitzen beiseitelegen. Die restlichen Minzeblätter abzupfen und fein schneiden. Die klein geschnittene Minze auf den Joghurt geben und den Salat im Glas mit den beiseitegelegten Minzeblättern garniert servieren.

TIPP:

Den Salat können Sie bis einschließlich Punkt 4 am Vortag zubereiten und zugedeckt in den Kühlschrank stellen. Den Salat etwa 30 Minuten vor dem Servieren aus dem Kühlschrank nehmen. Den Joghurt zubereiten. Dann den Salat nochmals durchmischen, abschmecken und mit Joghurt und Minzeblättern in den Gläsern anrichten.

GRIECHISCHER SALAT MIT AUBERGINEN

Zubereitungszeit: 60 Minuten
+ Vegan

ZUTATEN FÜR 6 PORTIONEN

3 Auberginen (etwa 1,25 kg)
Salz
3 Zwiebeln
3 Knoblauchzehen
300 g Frühlingszwiebeln
625 g Tomaten
120 g schwarze Oliven, ohne Stein
etwa 225 ml Olivenöl
3 EL Weißweinessig
gem. Pfeffer
Zucker

PRO PORTION:

E: 4 g, F: 40 g, Kh: 13 g, kcal: 430

1. Die Auberginen abspülen, abtrocknen und die Stängelansätze abschneiden. Die Auberginen quer in etwa 1 cm dicke Scheiben schneiden, mit Salz bestreuen und etwa 15 Minuten stehen lassen.

2. In der Zwischenzeit Zwiebeln und Knoblauch abziehen, beides fein würfeln. Die Frühlingszwiebeln putzen, abspülen, abtropfen lassen und in feine Scheiben schneiden. Die Tomaten abspülen, abtrocknen, halbieren und die Stängelansätze herausschneiden. Die Tomaten in kleine Würfel schneiden. Die Oliven in Stücke schneiden. Zwiebel-, Knoblauchwürfel, Frühlingszwiebelscheiben, Tomatenwürfel und Oliven in einer großen Schüssel vermischen.

3. Etwa 100 ml Olivenöl mit dem Essig verrühren, mit Salz, Pfeffer und Zucker würzen. Die Marinade mit den Salatzutaten gut vermischen. Den Salat zugedeckt durchziehen lassen.

4. Inzwischen das restliche Olivenöl (125 ml) in einer großen Pfannen erhitzen. Die Auberginen mit Küchenpapier trocken tupfen und nebeneinander in der Pfanne bei mittlerer bis starker Hitze auf beiden Seiten in je 3–4 Minuten goldbraun braten. Auf Küchenpapier abtropfen lassen.

5. Den Salat nochmals durchmischen und mit Salz und Pfeffer abschmecken. Die Auberginenscheiben leicht überlappend auf Tellern oder einer großen Platte anrichten und den Salat darauf verteilen.

TIPPS:

Die Auberginen nehmen beim Braten relativ viel Öl auf. Das Abtropfen auf Küchenpapier reduziert den Fettgehalt etwas. Als fettärmere Alternative können Sie die Auberginenscheiben mit etwas Olivenöl einstreichen und grillen.
Den Salat können Sie problemlos 2 Stunden vor dem Braten der Auberginen zubereiten – gut durchgezogen schmeckt er besonders lecker.

GRÜNE-BOHNEN-SALAT

◐ Zubereitungszeit: 35 Minuten
+ Vegan

ZUTATEN FÜR 4 PORTIONEN

500 g grüne Bohnen (Brechbohnen)
Salz
250 g kleine rote Zwiebeln
1 Knoblauchzehe
4 EL Olivenöl
1–2 EL Sojasauce
2–3 EL Balsamico bianco
2 EL Zucker
½ Bund glatte Petersilie

PRO PORTION:

E: 5 g, F: 11 g, Kh: 13 g, kcal: 166

1. Die Bohnen putzen, abspülen, abtropfen lassen, evtl. durchschneiden und in kochendem Salzwasser etwa 10 Minuten garen. Die Bohnen abgießen und kurz in eiskaltem Wasser abschrecken. Anschließend abtropfen lassen.

2. Inzwischen die Zwiebeln abziehen und auf dem Gemüsehobel oder mit dem Messer in dünne Scheiben schneiden. Die Scheiben in Ringe teilen. Den Knoblauch abziehen und ebenfalls in dünne Scheiben schneiden.

3. Das Öl in einer Pfanne erhitzen. Zwiebelringe und Knoblauchscheiben darin bei schwacher Hitze 10 Minuten zugedeckt dünsten. Mit Sojasauce, Salz, 2 EL Balsamico und Zucker würzen. Das Ganze etwas abkühlen lassen.

4. Inzwischen die Petersilie abspülen und trocken schütteln, die Blätter abzupfen. Einige Blätter zum Garnieren beiseitelegen, den Rest in Streifen schneiden. Die Petersilienstreifen unter die Zwiebelmischung heben. Mit Salz, Pfeffer und evtl. übrigem Balsamico abschmecken.

5. Die Bohnen mit der marinierten Zwiebelmischung vermengen und mit der restlichen Petersilie bestreuen.

REZEPTVARIANTEN:

Als Dressingvariante 1 kleine gekochte Kartoffel vom Vortag mit 2–3 EL Essig, 6 EL Gemüsebrühe und 4 EL Olivenöl verrühren und zu den Zwiebeln geben. Wie beschrieben abschmecken.
Streuen Sie geröstete Pinienkerne auf den Salat und servieren Sie Roastbeef-Aufschnitt dazu.

GRÜNKERNSALAT MIT ROSENKOHL

- Zubereitungszeit: 25 Minuten
  Garzeit: 30–40 Minuten
  Durchziehzeit: 30 Minuten
- Vegetarisch

ZUTATEN FÜR 4 PORTIONEN

FÜR DIE SALATMISCHUNG:

200 g Grünkern
1½ EL Instant-Gemüsebrühe
750 g Rosenkohl
Salz
2 Zwiebeln
30 g getrocknete Tomaten, in Öl
1 EL Olivenöl
2–3 EL milder Essig, z. B. Himbeeressig
gem. Pfeffer

FÜR DAS DRESSING:

1 Schalotte
1 Knoblauchzehe
1 TL körniger Senf
3 EL Orangensaft (frisch gepresst oder aus der Flasche)
1 TL Honig
2 EL mildes Olivenöl
Salz
gem. Pfeffer
evtl. Currypulver mild

PRO PORTION:

E: 13 g, F: 11 g, Kh: 47 g, kcal: 369

1. Den Grünkern in kaltem Wasser waschen, in ein Sieb abgießen, abspülen und abtropfen lassen. Etwa 650 ml Wasser und Brühepulver in einem Topf zugedeckt aufkochen. Den Grünkern einstreuen, unterrühren und bei schwacher Hitze mit halb geöffnetem Deckel in 30–40 Minuten weich köcheln lassen.

2. Inzwischen den Rosenkohl putzen, abspülen und abtropfen lassen. In einem Topf etwa 300 ml Wasser zugedeckt zum Kochen bringen. ½ TL Salz und Rosenkohl dazugeben. Alles zugedeckt aufkochen und den Rosenkohl in 18–20 Minuten bissfest garen.

3. Ebenfalls in der Zwischenzeit das Dressing zubereiten. Dafür Schalotte und Knoblauch abziehen, beides in sehr feine Würfel schneiden. Senf, Orangensaft, Honig und Olivenöl gründlich verquirlen. Mit Salz, Pfeffer und nach Belieben etwas Curry abschmecken. Die Schalotte und die Hälfte der Knoblauchwürfel unterrühren.

4. Den Rosenkohl abtropfen und etwas abkühlen lassen. Die Röschen ja nach Größe evtl. halbieren und unter das Dressing mischen.

5. Zum Fertigstellen der Salatmischung die Zwiebeln abziehen und in feine Würfel schneiden. Die Tomaten abtropfen lassen und in Streifen schneiden. Den Grünkern abtropfen lassen. Das Öl in einer Pfanne erhitzen und die Zwiebelwürfel darin unter Wenden braun anbraten. Grünkern und Tomaten dazugeben. Mit Salz, Pfeffer und Essig abschmecken.

6. Grünkern und Rosenkohl mischen. Den Salat etwa 30 Minuten durchziehen lassen. Nochmals mit Salz, Pfeffer und 1 Prise Currypulver abschmecken und auf Tellern oder in Gläsern anrichten.

TIPP:

Probieren Sie den Salat mit Zartweizen statt mit Grünkern. Die vorgegarten Körner müssen nur etwa 15 Minuten kochen.

HOMEMADE

GRÜNKOHLSALAT MIT TOFU-SENF-DRESSING

Zubereitungszeit: 20 Minuten
Durchziehzeit: 2 Stunden
+ Vegan

ZUTATEN FÜR 4 PORTIONEN

400 g geputzter, fein zerzupfter zarter Grünkohl
8 EL frisch gepresster Orangensaft
etwas brauner Zucker
2–3 TL milder Senf
Salz
gem. Pfeffer
8 getrocknete Aprikosenhälften
75 g getrocknete Cranberrys
3–4 EL Sonnenblumenkerne
200 g Pumpernickel
2–3 EL Olivenöl
1 Knoblauchzehe
400 g Seidentofu (z. B. aus dem Asialaden)

PRO PORTION:

E: 14 g, F: 15 g, Kh: 50 g, kcal: 418

1. Den Grünkohl gründlich waschen und trocken schleudern. 4 EL Orangensaft, ½ TL Zucker, 1–2 TL Senf, 1 gestr. TL Salz und etwas Pfeffer gut verrühren. Die Saftmischung zum Grünkohl geben und alles gründlich durchkneten. Mindestens 2 Stunden durchziehen lassen.

2. Die Aprikosen in feine Streifen schneiden und mit den Cranberrys im übrigen Orangensaft (4 EL) einweichen.

3. Die Sonnenblumenkerne in einer beschichteten Pfanne ohne Fett unter Wenden rösten, auf einen Teller geben und erkalten lassen. Den Pumpernickel in Würfel schneiden. Das Olivenöl in der Pfanne erhitzen und den Pumpernickel darin unter Wenden knusprig rösten. Herausnehmen und auf Küchenpapier abtropfen lassen. Mit etwas Salz würzen.

4. Den Knoblauch abziehen und in feine Würfel schneiden. Mit Tofu, 1 EL Sonnenblumenkernen und restlichem Senf (1–2 TL) in einem hohen Mixbecher mit einem Stabmixer oder im Standmixer sehr fein pürieren. Das Dressing mit Salz, Pfeffer und Zucker würzig abschmecken. Den Grünkohl mit etwa der Hälfte des Dressings mischen.

5. Die eingeweichten Aprikosen und Cranberrys gut abtropfen lassen und unter den Salat mischen. Den Salat nochmals mit Salz und Pfeffer abschmecken, dann mit den restlichen Sonnenblumenkernen und Pumpernickel-Croûtons auf Tellern anrichten. Das übrige Dressing dazu servieren.

TIPP:

Wer es etwas milder und leichter verdaulich mag, blanchiert die Grünkohlblätter nach dem Waschen 1–2 Minuten in reichlich kochendem Salzwasser. Die Grünkohlblätter wie im Rezept beschrieben weiterverarbeiten.

GURKENSALAT

Zubereitungszeit: 20 Minuten
Durchziehzeit: 15 Minuten
+ Vegan

ZUTATEN FÜR 4 PORTIONEN

2 große Salatgurken (je etwa 400 g)
1–2 Stängel Dill
2 EL Weißweinessig
Salz
gem. Pfeffer
etwa 1 TL Zucker
2–3 EL Speiseöl, z. B. Rapsöl

PRO PORTION:

E: 1 g, F: 8 g, Kh: 5 g, kcal: 92

1. Die Gurken schälen und die Enden abschneiden. Die Gurken mit einem Messer oder einem Gemüsehobel in dünne Scheiben schneiden.

2. Den Dill abspülen und trocken tupfen. Die zarten Stiele mit den Dillspitzen abzupfen und fein schneiden.

3. Den Essig mit Salz, Pfeffer und 1 TL Zucker verrühren. Das Speiseöl mit einem Schneebesen unterschlagen. Den Dill unterrühren.

4. Die Gurkenscheiben und das Dressing in einer Schüssel gut vermengen. Den Salat etwa 15 Minuten durchziehen lassen. Dann nochmals mit Salz, Pfeffer und evtl. Zucker abschmecken.

TIPP:

Falls Sie die feste Schale der Gurken nicht stört, können Sie diese auch mitessen. Kaufen Sie dann am besten Bio-Salatgurken, da diese meist etwas weniger mit Schadstoffen belastet sind.

REZEPTVARIANTE:

In dem Gurkensalat harmonieren auch cremige Sauermilchprodukte wie Joghurt (3,5 oder 10 % Fett), saure Sahne, Schmand oder Crème fraîche sehr gut. Rühren Sie einfach 2–3 EL davon unter das Dressing.

HÄHNCHENSALAT AUF KREOLISCHE ART

Zubereitungszeit: 15 Minuten

ZUTATEN FÜR 4 PORTIONEN

3 EL geröstete, gesalzene Erdnusskerne
100 g Ananasfruchtfleisch (z. B. bereits geschält vom Obsthändler oder aus der Obstabteilung gut sortierter Supermärkte; alternativ Ananasstücke in fruchteigenem Saft aus der Dose)
1 Fleischtomate
150 g servierfertig vorbereiteter Eisbergsalat (z. B. aus dem Kühlregal)
3 EL Asia-Chili-Sauce (aus der Flasche)
2 EL milder Essig
4 EL Olivenöl
250 g Fladenbrot
1 Grillhähnchen (fertig gekauft)

PRO PORTION:

E: 30 g, F: 25 g, Kh: 39 g, kcal: 510

1. Die Erdnusskerne grob hacken. Die Ananas in feine Stücke schneiden. Die Tomate abspülen, abtrocknen, halbieren und den Stängelansatz herausschneiden. Die Tomate in Stücke schneiden. Den Eisbergsalat in Streifen schneiden.

2. Die Asia-Chili-Sauce mit dem Essig in einer Salatschüssel verquirlen, dann 2 EL Olivenöl unterschlagen. Erdnüsse, Ananas- und Tomatenstücke untermischen. Die Eisbergsalatstreifen dazugeben, jedoch noch nicht untermischen.

3. Das Brot in mundgerechte Würfel schneiden. Das restliche Olivenöl (2 EL) in einer beschichteten Pfanne erhitzen und die Brotwürfel darin bei mittlerer Hitze unter Wenden knusprig braten.

4. Inzwischen vom Grillhähnchen das Fleisch und die knusprige Haut ablösen. Das Fleisch in mundgerechte Stücke zupfen bzw. schneiden.

5. Die Salatzutaten in der Schüssel vorsichtig mischen. Den Salat mit dem Hähnchenfleisch auf Teller verteilen und die Brotwürfel daraufgeben.

TIPPS:

Der Salat reicht für 4 Personen zum Sattessen und für 6 Personen als Snack.
In Tortillafladen eingewickelt ist der Salat wunderbar zum Mitnehmen geeignet. Die gefüllten Fladen am besten fest in Butterbrotpapier einwickeln und in eine Brotzeitbox legen.

HÄHNCHENSALAT CALIFORNIA STYLE

Zubereitungszeit: 30 Minuten, ohne Abkühlzeit

ZUTATEN FÜR 4 PORTIONEN

FÜR DIE SALATMISCHUNG:

250 g kurze Nudeln, z. B. Farfalle
Salz
3 rote Zwiebeln
400 g Champignons
125 g Rucola (Rauke)
400 g Mangofruchtfleisch (von 1 großen Mango)
125 g geräucherter Hähnchenbrustaufschnitt, in feinen Scheiben

FÜR DAS DRESSING:

2 Knoblauchzehen
Salz
100 ml Apfelessig
2 TL milder Dijon-Senf
2 TL flüssiger Honig
gem. Pfeffer
4 EL Olivenöl

PRO PORTION:

E: 21 g, F: 13 g, Kh: 64 g, kcal: 467

1. Für die Salatmischung in einem großen Topf Wasser zugedeckt zum Kochen bringen. Die Nudeln mit Salz hinzufügen und im offenen Topf bei mittlerer Hitze nach Packungsanleitung bissfest kochen, dabei gelegentlich umrühren. Die Nudeln in ein Sieb abgießen, mit kaltem Wasser abspülen, abtropfen und abkühlen lassen.

2. Inzwischen für das Dressing den Knoblauch abziehen, fein würfeln und mit etwas Salz auf einem Schneidebrett zerreiben. Mit Essig, Senf, Honig, Salz und Pfeffer verrühren. Das Öl unterschlagen. Die Nudeln in einer Schüssel mit dem Dressing mischen.

3. Die Zwiebeln abziehen. Zuerst quer in feine Scheiben schneiden und diese dann in Ringe teilen. Die Champignons putzen, evtl. kurz abspülen und trocken tupfen. Die Pilze in feine Scheiben schneiden. Zwiebeln und Pilze unter die Nudeln mischen.

4. Den Rucola putzen und die dicken Stängel abschneiden. Den Rucola abspülen, gut abtropfen lassen oder trocken schleudern und evtl. etwas kleiner zupfen. Das Mangofruchtfleisch in feine Spalten schneiden. Rucola und Mango vorsichtig unter die marinierten Nudeln heben. Den Salat mit Salz und Pfeffer abschmecken und mit dem Hähnchenbrustaufschnitt dekorativ anrichten.

TIPPS:

Statt Rucola können Sie natürlich auch einen knackigen Salat für dieses Gericht verwenden. Eisberg-, Römer- oder Endiviensalat eignet sich besonders gut.
Der Salat ist schnell zubereitet und eignet sich gut, wenn sich kurzfristig Besuch angemeldet hat. Sie können ihn aber auch bis einschließlich Punkt 3 zubereiten und zugedeckt bis zu 12 Stunden im Kühlschrank durchziehen lassen.

HIRSESALAT MIT PAPRIKA UND ZUCCHINI

- Zubereitungszeit: 30 Minuten, ohne Abkühlzeit
  Garzeit: 15 Minuten
- Vegan

ZUTATEN FÜR 4 PORTIONEN

200 g Hirse
400 ml Gemüsebrühe
1 Zwiebel (etwa 120 g)
2 rote Paprikaschoten (etwa 500 g)
2 Zucchini (etwa 400 g)
50 g Korinthen
5 EL Olivenöl
1 Bund glatte Petersilie
Salz
gem. Pfeffer
2–3 EL Weißweinessig

PRO PORTION:

E: 9 g, F: 15 g, Kh: 53 g, kcal: 406

1. Die Hirse in einem feinen Sieb mit heißem Wasser abspülen und abtropfen lassen. Die Gemüsebrühe in einem Topf aufkochen. Die Hirse hinzufügen, alles unter Rühren zum Kochen bringen und die Hirse zugedeckt bei schwacher Hitze etwa 15 Minuten garen.

2. In der Zwischenzeit die Zwiebel abziehen und in feine Streifen schneiden. Die Paprikaschoten vierteln, entstielen, entkernen und die weißen Scheidewände entfernen. Die Schotenstücke abspülen, abtropfen lassen und in kurze Streifen schneiden. Die Zucchini abspülen, abtrocknen und die Enden abschneiden. Die Zucchini in kurze Streifen schneiden.

3. Die Korinthen in einem Sieb mit heißem Wasser abspülen und gut abtropfen lassen.

4. Das Olivenöl in einem Topf erhitzen und die Zwiebelstreifen darin andünsten. Paprikastreifen und Korinthen dazugeben und alles zugedeckt etwa 10 Minuten garen. Dann die Zucchinistreifen unterheben. Das Gemüse mit Salz und Pfeffer würzen und mit der Hirse vermischen. Den Salat etwas abkühlen lassen.

5. Die Petersilie abspülen und trocken tupfen. Die Blätter abzupfen, klein schneiden und unter den Hirsesalat heben. Den Salat mit Salz, Pfeffer und Essig würzen.

REZEPTVARIANTE:

Für **Hirsesalat mit Zuckerschoten** 200 g Hirse in einem feinen Sieb mit heißem Wasser abspülen und gut abtropfen lassen. 3 Schalotten (etwa 150 g) abziehen und fein würfeln. 2 TL Speiseöl in einem Topf erhitzen, Schalotten darin andünsten. Hirse mit etwa 450 ml Gemüsebrühe dazugeben und nach Packungsanleitung garen. In einer Schüssel abkühlen lassen. Von 200 g Zuckerschoten die Enden abschneiden, evtl. abfädeln. Zuckerschoten abspülen, abtropfen lassen und in kochendem Salzwasser in etwa 2 Minuten bissfest garen. In einem Sieb mit kaltem Wasser abschrecken, abtropfen lassen und in Stücke schneiden. 600 g Chinakohl putzen, abspülen, abtropfen lassen und in feine Streifen schneiden. 200 g Kohlrabi schälen, abspülen, abtropfen lassen und mit einer Küchenreibe grob raspeln. Hirse mit zwei Gabeln etwas auflockern. Zuckerschoten, Chinakohl und Kohlrabi unterheben. 150 ml Gemüsebrühe mit 2 EL Obstessig, 1 TL Zitronensaft, etwas mildem Currypulver und gem. Ingwer verrühren. 4 TL Weizenkeimöl unterschlagen, mit Salz und gem. Pfeffer würzen. Dressing und Salatzutaten mischen. Kurz durchziehen lassen, dann mit Zitronensaft, Curry und Ingwer abschmecken.

HÜLSENFRUCHTSALAT MIT AVOCADO

Zubereitungszeit: 35 Minuten
+ Vegetarisch

ZUTATEN FÜR 4 PORTIONEN

FÜR DEN SALAT:

500 g gegarte, abgetropfte Hülsenfrüchte nach Geschmack (aus der Dose), z. B. große weiße Bohnenkerne, Linsen, Kichererbsen
1 große weiße Zwiebel
1 rote Zwiebel
4 EL Olivenöl
1 Knoblauchzehe
50 ml Gemüsebrühe
4–5 EL milder Essig, z. B. Apfelessig
Salz
gem. Pfeffer
600 g Cocktailtomaten oder kleine Tomaten
1 Passionsfrucht (Maracuja)
1 Bund Basilikum

ZUM ANRICHTEN:

1–2 reife Avocado
200 g milder, cremiger Fetakäse

PRO PORTION:

E: 22 g, F: 47 g, Kh: 24 g, kcal: 637

1. Die Hülsenfrüchte in einem Sieb kalt abspülen und gut abtropfen lassen. Die Zwiebeln abziehen. Die weiße Zwiebel in feine Würfel schneiden.

2. In einem Topf 2 EL Olivenöl erhitzen und die Zwiebelwürfel darin glasig dünsten. Den Knoblauch abziehen und durch eine Presse dazudrücken. Hülsenfrüchte und Brühe dazugeben und kurz offen dünsten, bis die Flüssigkeit fast ganz verdampft ist. Die Mischung mit Essig, Salz und Pfeffer würzen, in eine Schüssel geben und etwas abkühlen lassen.

3. Inzwischen die rote Zwiebel halbieren und in feine Ringe schneiden. Die Tomaten abspülen, abtrocknen und halbieren oder in Spalten bzw. Würfel schneiden. Die Passionsfrucht halbieren, das Fruchtfleisch inklusive der Kerne mit einem Teelöffel herauslösen.

4. Passionsfruchtmark, Zwiebelringe und Tomaten zur Hülsenfruchtmischung in die Schüssel geben und alles vermischen. Den Salat mit Salz, Pfeffer und evtl. etwas Essig abschmecken. Das restliche Öl unterrühren.

5. Das Basilikum abspülen und trocken schütteln. Die Blätter abzupfen, in Streifen schneiden und unter den Salat mischen.

6. Zum Anrichten die Avocado halbieren und den Kern herauslösen. Das Fruchtfleisch mit einem Esslöffel als Ganzes aus der Schale lösen und in schmale Spalten schneiden. Den Feta abtropfen lassen und zerbröckeln. Den Salat mit Avocado und Feta anrichten.

TIPP:

Richten Sie den Salat zusätzlich mit 100–150 g geputztem, gewaschenem und abgetropftem Rucola (Rauke) an. Dessen nussig-würziger Geschmack harmoniert sehr gut mit dem Salat.

KARTOFFEL-MATJES-SALAT MIT KERNEN

Zubereitungszeit: 35–40 Minuten
Garzeit: 20–25 Minuten
Durchziehzeit: 1–2 Stunden

ZUTATEN FÜR 12 PORTIONEN

FÜR DIE SALATMISCHUNG:

2 ¼ kg festkochende Kartoffeln
10 Matjesfilets (etwa 600 g)
2 Bund Frühlingszwiebeln
4 kleine säuerliche Äpfel, z. B. Elstar oder Braeburn

FÜR DAS DRESSING:

200 ml Gemüsebrühe
125 ml Weißweinessig
1 EL mittelscharfer Senf
Zucker
Salz
gem. Pfeffer
8 EL Sonnenblumenöl

ZUM ANRICHTEN:

100 g Sonnenblumen- oder Kürbiskerne
3 EL Schnittlauchröllchen

PRO PORTION:

E: 15 g, F: 20 g, Kh: 34 g, kcal: 393

1. Für die Salatmischung die Kartoffeln gründlich waschen und in einem Topf knapp mit Wasser bedecken. Zugedeckt zum Kochen bringen und in 20–25 Minuten gar kochen. Die Kartoffeln abgießen, kurz mit kaltem Wasser abschrecken, abtropfen lassen und noch heiß pellen. Erkalten lassen, dann in Scheiben schneiden.

2. Die Matjesfilets kurz unter fließendem kaltem Wasser abspülen. Trocken tupfen und in kleine Stücke schneiden, dabei evtl. Gräten entfernen. Die Frühlingszwiebeln putzen, abspülen, abtropfen lassen und in feine Scheiben schneiden. Die Äpfel schälen, vierteln, entkernen und in Stifte schneiden.

3. Für das Dressing Brühe, Essig und Senf gut verrühren. Mit etwas Zucker, Salz und Pfeffer würzen und das Sonnenblumenöl unterschlagen.

4. Matjes und Frühlingszwiebeln in einer großen Schüssel mit dem Dressing vermischen. Kartoffeln und Äpfel unterheben. Den Salat zugedeckt 1–2 Stunden im Kühlschrank durchziehen lassen.

5. Die Sonnenblumen- oder Kürbiskerne in einer Pfanne ohne Fett unter Wenden hellbraun rösten.

6. Den Salat vor dem Servieren nochmals mit Zucker, Salz und Pfeffer abschmecken. Mit Sonnenblumen- oder Kürbiskernen und Schnittlauchröllchen bestreut servieren.

REZEPTVARIANTEN:

Nehmen Sie statt Matjes 3 Gläser (je 250 g) Bismarckheringe. Diese abtropfen lassen, auseinanderrollen und in 3 cm große Stücke schneiden. Statt Essig können Sie dann etwas Einlegeflüssigkeit der Heringe fürs Dressing verwenden. Verwenden Sie für den Salat zusätzlich 2 hart gekochte Eier. Die Eier pellen. Eigelb mit einer Gabel zerdrücken und mit Brühe, Essig und Öl verrühren. Eiweiß klein hacken und vor dem Servieren über den Salat streuen.

KARTOFFELSALAT MIT KRESSE

Zubereitungszeit: 20 Minuten, ohne Abkühlzeit
Garzeit: 20–25 Minuten
Durchziehzeit: 30 Minuten
+ Vegan

ZUTATEN FÜR 2 PORTIONEN

ZUM VORBEREITEN:

600 g festkochende Kartoffeln
1 große Möhre (etwa 150 g)

FÜR DAS DRESSING:

200 ml Gemüsebrühe
1 ½ EL Balsamico bianco
Salz, gem. Pfeffer
2 EL Olivenöl

FÜR DIE SALATMISCHUNG:

250 g roséfarbene Champignons
1 ½ EL Olivenöl
1 Kästchen rote Daikonkresse

PRO PORTION:

E: 11 g, F: 18 g, Kh: 49 g, kcal: 404

1. Als Vorbereitung die Kartoffeln gründlich waschen und in einem Topf mit Wasser bedecken. Zugedeckt zum Kochen bringen und in 20–25 Minuten gar kochen. Die Kartoffeln abgießen, kurz mit kaltem Wasser abschrecken, abtropfen lassen und noch heiß pellen. Erkalten lassen, in Scheiben schneiden und in eine Schüssel geben. Die Möhre putzen, schälen, abspülen, abtropfen lassen und mit einer Küchenreibe fein raspeln.

2. Für das Dressing Brühe, Essig, Salz und Pfeffer verrühren. Das Öl unterschlagen. Kartoffeln, Möhrenraspel und Dressing vorsichtig mischen. Etwa 30 Minuten durchziehen lassen.

3. In der Zwischenzeit für die Salatmischung die Champignons putzen, evtl. kurz abspülen und trocken tupfen. Pilze in Scheiben schneiden. Das Öl in einer Pfanne erhitzen und die Pilze darin unter gelegentlichem Rühren in 3–4 Minuten hellbraun braten. Erkalten lassen, dann unter den Salat heben.

4. Die Kresse abspülen und trocken tupfen, die Blättchen abschneiden. Den Salat mit Salz und Pfeffer nochmals abschmecken. Die Kresseblättchen unterheben.

TIPPS:

Die rote Daikonkresse erinnert im Geschmack an Kreuzkümmel (Cumin). Sie kann durch einfache Gartenkresse ersetzt werden.
Der Kartoffelsalat reicht für 2 Personen als sättigendes Hauptgericht. Möchten Sie ihn nur als Beilage zubereiten, reichen 400 g Kartoffeln und 1 kleine Möhre (etwa 100 g) – die restlichen Zutatenmengen müssen Sie nicht verändern.

KARTOFFELSALAT MIT KÜRBISKERNEN

Zubereitungszeit: 25 Minuten, ohne Abkühlzeit
Garzeit: 20–25 Minuten
Durchziehzeit: 10 Minuten
+ Vegetarisch

ZUTATEN FÜR 4 PORTIONEN

ZUM VORBEREITEN:

1 kg vorwiegend festkochende Kartoffeln

FÜR DAS DRESSING:

225 ml heiße Gemüsebrühe
50 ml Kräuteressig
4 EL Rapsöl
1 Prise Currypulver (mild oder scharf)
Salz, gem. Pfeffer, Zucker

FÜR DIE SALATMISCHUNG:

200 g abgetropfter, eingelegter Kürbis (aus dem Glas)
3 hart gekochte Eier (Größe nach Belieben)
½ Bund Frühlingszwiebeln
3 EL geröstete Kürbiskerne
2 EL Kürbiskernöl

PRO PORTION:

E: 9 g, F: 15 g, Kh: 22 g, kcal: 269

1. Als Vorbereitung die Kartoffeln gründlich waschen und in einem Topf knapp mit Wasser bedecken. Zugedeckt zum Kochen bringen und in 20–25 Minuten gar kochen. Die Kartoffeln abgießen, kurz mit kaltem Wasser abschrecken, abtropfen lassen und noch heiß pellen. Erkalten lassen und in Scheiben schneiden.

2. Für das Dressing Brühe und Essig in einer großen Schüssel verrühren. Das Öl unterschlagen. Mit Curry, Salz, Pfeffer und Zucker würzen.

3. Für die Salatmischung Kürbisstücke und Kartoffeln unter das Dressing mischen. Die Mischung etwa 10 Minuten durchziehen lassen.

4. Inzwischen die Eier pellen und jeweils in Viertel schneiden. Die Frühlingszwiebeln putzen, waschen, abtropfen lassen und in feine Scheiben schneiden. Den Kartoffelsalat nochmals mit Salz und Pfeffer abschmecken. Den Salat mit Eiern, Frühlingszwiebeln und Kürbiskernen anrichten und mit Kürbiskernöl beträufeln.

TIPP:

Für ein cremiges Dressing nur 100 ml Gemüsebrühe nehmen und zusätzlich 150 g Crème fraîche und 150 g Joghurt (3,5 % Fett) untermischen.

REZEPTVARIANTE:

Für **steirischen Kartoffelsalat mit Kürbis** 600 g geputztes und in mundgerechte Würfel geschnittenes Kürbisfruchtfleisch (z. B. Hokkaido oder Butternut) in 3 EL Olivenöl andünsten. Mit Salz, Pfeffer und Currypulver kräftig würzen. Je 100 ml Gemüsebrühe und Sahne angießen, aufkochen und zugedeckt bei schwacher Hitze mit leichtem Biss dünsten. Kürbiswürfel auskühlen lassen. Abgetropft auf dem Salat anrichten.

KARTOFFELSALAT MIT MAYONNAISE

◷ Zubereitungszeit: 45 Minuten, ohne Abkühlzeit
Garzeit: 20–25 Minuten
Durchziehzeit: mind. 30 Minuten
+ Vegetarisch

ZUTATEN FÜR 6 PORTIONEN

800 g festkochende Kartoffeln
2 Zwiebeln
3 hart gekochte Eier (Größe nach Belieben)
100 g abgetropfte Gewürzgurken (aus dem Glas; Einlegeflüssigkeit aufgefangen)
6 EL Salatmayonnaise
3 EL Gewürzgurken-Einlegeflüssigkeit
1 EL mittelscharfer Senf
Salz
gem. Pfeffer

PRO PORTION:

E: 10 g, F: 25 g, Kh: 31 g, kcal: 389

1. Die Kartoffeln gründlich waschen und in einem Topf knapp mit Wasser bedecken. Zugedeckt zum Kochen bringen und in 20–25 Minuten gar kochen. Die Kartoffeln abgießen, kurz mit kaltem Wasser abschrecken, abtropfen lassen und noch heiß pellen. Erkalten lassen, in Scheiben schneiden und in eine große Schüssel geben.

2. Die Zwiebeln abziehen und in kleine Würfel schneiden. Die Eier pellen und ebenso wie die Gurken in etwa ½ cm dicke Scheiben schneiden.

3. Mayonnaise, Gurken-Einlegeflüssigkeit und Senf zu einem Dressing verrühren. Zwiebeln, Gurken, Eier und Dressing zu den Kartoffeln geben und alles mischen. Den Salat mit Salz und Pfeffer würzen und mindestens 30 Minuten durchziehen lassen.

REZEPTVARIANTE:

Für einen **süddeutschen Kartoffelsalat** (im Foto unten) 1 kg festkochende Kartoffeln gründlich waschen, mit 1 Lorbeerblatt in einem Topf knapp mit Wasser bedecken, zugedeckt zum Kochen bringen, bei schwacher Hitze in 20–25 Minuten gar, aber nicht zu weich kochen. 2 Zwiebeln abziehen und klein würfeln. 1 EL Rapsöl in einem Topf erhitzen, Zwiebelwürfel darin anbraten. Mit 4–5 EL Kräuteressig und 125 ml heißer Gemüsebrühe ablöschen, etwa 3 Minuten ziehen lassen. Die Sauce mit Salz und Pfeffer würzen. Die gegarten Kartoffeln abgießen, abtropfen lassen, heiß pellen, in Scheiben schneiden und in eine hitzebeständige Schüssel geben. Die Zwiebelsauce vorsichtig unter die warmen Kartoffelscheiben mischen. Nach und nach etwa 100 ml Rapsöl dazugeben. Den Salat einige Stunden durchziehen lassen. Etwa 30 Minuten vor dem Servieren den Backofen vorheizen (Ober-/Unterhitze: etwa 150 °C, Heißluft: etwa 130 °C). Den Salat mit Salz, Pfeffer und Essig nochmals abschmecken. Die Schüssel mit dem Salat auf dem Rost in den vorgeheizten Backofen (Mitte) schieben. Den Salat 15–20 Minuten wärmen, dabei gelegentlich durchschwenken. 2 EL Schnittlauchröllchen unterrühren. Den Salat warm servieren.

KARTOFFELSALAT MIT SPECK UND ZWIEBELN

Zubereitungszeit: 40 Minuten, ohne Abkühlzeit
Garzeit: 20–25 Minuten

ZUTATEN FÜR 4 PORTIONEN

1,2 kg große Kartoffeln
4 Zwiebeln oder Schalotten
10 dünne Scheiben durchwachsener Speck
5 EL Sonnenblumenöl
3 EL Kräuteressig
Salz, gem. Pfeffer
1 Prise Zucker
1 Bund Schnittlauch

PRO PORTION:

E: 11 g, F: 22 g, Kh: 44 g, kcal: 433

1. Die Kartoffeln gründlich waschen und in einem Topf knapp mit Wasser bedecken. Zugedeckt zum Kochen bringen und in 20–25 Minuten gar kochen. Die Kartoffeln abgießen, kurz mit kaltem Wasser abschrecken, abtropfen lassen und noch heiß pellen, dann erkalten lassen.

2. Zwiebeln oder Schalotten abziehen und in kleine Würfel schneiden. Die Speckscheiben in Streifen schneiden. Das Sonnenblumenöl in einer Pfanne erhitzen, Zwiebel- oder Schalottenwürfel darin glasig dünsten, die Speckstreifen dazugeben und auslassen. Den Essig unterrühren. Alles mit Salz, Pfeffer und 1 Prise Zucker würzen.

3. Die Kartoffeln längs vierteln, in Scheiben schneiden und in eine große Schüssel geben. Die Speck-Zwiebel-Masse mit den Kartoffelscheiben vermischen, mit Salz und Pfeffer abschmecken.

4. Den Schnittlauch abspülen, trocken tupfen und in feine Röllchen schneiden. Den Salat nochmals mit Salz und Pfeffer abschmecken, den Schnittlauch unterheben. Auf einer Platte anrichten.

TIPPS:

Den Salat auf grünen Salatblättern anrichten.
Nach Belieben können die Kartoffeln auch mit Schale verarbeitet werden.
Anstelle vom Speck 10 Radieschen verwenden. Dafür die Radieschen putzen, waschen und gut abtropfen lassen. Die Radieschen erst in Scheiben und diese dann in Streifen schneiden. Die Radieschen dann nicht mit andünsten, sondern erst am Schluss mit dem Schnittlauch unter den Salat mischen.

KARTOFFELSALAT MIT TAHINA-SAUCE

Zubereitungszeit: 25 Minuten, ohne Abkühlzeit
Garzeit: 25–30 Minuten
+ Vegetarisch

ZUTATEN FÜR 4 PORTIONEN

500 g kleine festkochende Kartoffeln
Salz
1 Zwiebel
2 EL Olivenöl
1 TL Instant-Gemüsebrühe
2 EL Tahina (Sesampaste aus dem Glas)
gem. Pfeffer
2–3 EL Zitronensaft (z. B. frisch gepresst)
250 g feine grüne Bohnen (frisch oder TK)
2–3 EL Joghurt (3,5 % Fett) oder
Soja-Joghurtalternative (natur)
evtl. etwas Gemüsebrühe
6 kleine Tomaten
150 g milde schwarze Oliven, mit Stein

PRO PORTION:

E: 6 g, F: 14 g, Kh: 23 g, kcal: 260

1. Die Kartoffeln gründlich waschen und in einem Topf knapp mit Wasser bedecken, etwas Salz hinzufügen. Due Kartoffeln zugedeckt zum Kochen bringen und in 15–20 Minuten gar kochen.

2. Inzwischen für das Dressing die Zwiebel abziehen und fein würfeln. Das Öl in einem Topf erhitzen, die Zwiebel darin glasig dünsten. Mit 75 ml Wasser ablöschen, aufkochen. Brühepulver und Tahina mit einem Schneebesen einrühren. Mit Salz, Pfeffer und 2 EL Zitronensaft würzen.

3. Die Kartoffeln abgießen, kurz kalt abschrecken, abtropfen lassen und noch heiß pellen. Nach Belieben klein schneiden, mit dem Dressing mischen und lauwarm abkühlen lassen.

4. Inzwischen die Bohnen putzen, abspülen, abtropfen lassen. Die Bohnen in Stücke brechen, knapp mit Wasser bedeckt in einen Topf geben, etwas Salz dazugeben. Zugedeckt zum Kochen bringen und etwa 10 Minuten garen. Die Bohnen in ein Sieb abgießen, kalt abschrecken, abtropfen lassen und unter die Kartoffeln heben. Den Joghurt oder die Joghurtalternative und evtl. noch etwas Brühe unter den Salat mischen.

5. Die Tomaten putzen, abspülen, trocken reiben und klein schneiden. Tomaten und Oliven unter den Salat mischen. Den Salat mit Salz, Pfeffer und restlichem Zitronensaft (etwa 1 EL) abschmecken.

TIPP:

Dazu passt in Scheiben geschnittenes und gebratenes Tempeh. Dieses wird aus fermentierten Sojabohnen oder Lupinenkernen hergestellt und ist aufgrund seines hohen Eiweißgehalts ein beliebter Fleischersatz bei Veganern. Tempeh hat einen angenehm milden, leicht nussig-würzigen Geschmack mit dezentem Pilzaroma.

KICHERERBSENSALAT MIT BULGUR

Zubereitungszeit: 30 Minuten, ohne Abkühlzeit
+ Vegetarisch

ZUTATEN FÜR 4 PORTIONEN

70 g Bulgur (Instant)
Gemüsebrühe (Menge nach Packungsanleitung des Bulgurs)
1 EL gestiftelte Mandeln
1 Orange
4 Frühlingszwiebeln
150 g Cocktailtomaten
265 g abgetropfte Kichererbsen (aus der Dose)
1 EL Rosinen
2 Stängel Minze
1 Bio-Limette
Salz
gem. Pfeffer
1 Prise Zucker
3 EL Olivenöl
150 g Joghurt (3,5 % Fett)
½ TL Chilipulver
½ Avocado (ohne Kern)
etwa 1 ½ EL Zitronensaft

PRO PORTION:

E: 10 g, F: 19 g, Kh: 36 g, kcal: 377

1. Für den Salat den Bulgur mit Brühe nach Packungsanleitung zubereiten und abkühlen lassen. Die Mandeln in einer Pfanne ohne Fett unter Rühren anrösten, dann auf einen Teller geben. Die Orange so schälen, dass die weiße Haut mit entfernt wird. Die Orange filetieren, dabei den Saft auffangen. Die Filets halbieren. Die Frühlingszwiebeln putzen, abspülen, abtropfen lassen, in feine Scheiben schneiden. Die Tomaten abspülen, abtrocknen und vierteln, evtl. die Stängelansätze herausschneiden. Die Kichererbsen in einem Sieb kalt abspülen und abtropfen lassen.

2. Den Bulgur mit zwei Gabeln auflockern und in eine Schüssel geben. Kichererbsen, Orangenfruchtfilets, Frühlingszwiebeln, Tomaten, Rosinen und ½ EL geröstete Mandeln dazugeben.

3. Die Minze abspülen und trocken tupfen, die Blätter abzupfen. Einige Blätter zum Garnieren beiseitelegen. Die restlichen Blätter fein schneiden. Die Limette heiß abwaschen und abtrocknen, die Hälfte der Schale fein abreiben. Den Limettensaft auspressen, 1 TL Saft beiseitestellen. Restlichen Limettensaft, Limettenschale und aufgefangenen Orangensaft verrühren. Mit Salz, Pfeffer und Zucker würzen. Das Öl unterschlagen. Das Dressing unter die Salatzutaten mischen.

4. Joghurt, beiseitegestellten Limettensaft und Chili glatt verrühren. Das Avocadofruchtfleisch mit einem Löffel aus der Schale lösen, in Stücke schneiden und sofort mit Zitronensaft beträufeln. Den Salat nochmals mischen, abschmecken und z. B. in Gläsern anrichten. Je 1 Klecks Joghurtsauce und einige Avocadostücke daraufgeben. Mit Minze und Mandeln garnieren.

KICHERERBSENSALAT MIT GRANATAPFELKERNEN

Zubereitungszeit: 20 Minuten
+ Vegan

ZUTATEN FÜR 2 PORTIONEN

285 g abgetropfte Kichererbsen (aus der Dose)
1 Limette
1 reife Avocado
1 rote Zwiebel
½ Granatapfel
1 Orange
3 EL Olivenöl
Salz
gem. Pfeffer
4 Stängel Minze

PRO PORTION:

E: 14 g, F: 46 g, Kh: 39 g, kcal: 627

1. Die Kichererbsen in einem Sieb mit kaltem Wasser abspülen und abtropfen lassen. Die Limette halbieren und den Saft auspressen.

2. Die Avocado halbieren und den Kern entfernen. Das Fruchtfleisch möglichst am Stück mit einem Esslöffel aus der Schale lösen und anschließend in kleine Würfel schneiden. Sofort mit dem Limettensaft vermischen.

3. Die Zwiebel abziehen und in feine Scheiben schneiden. Die Granatapfelkerne aus der Schale lösen, dabei alle weißen Häuten entfernen.

4. Die Orange so schälen, dass die weiße Haut mit entfernt wird. Die Orange in Stücke schneiden.

5. Kichererbsen, Avocadowürfel, Zwiebelscheiben, Granatapfelkerne, Orangenstücke und Olivenöl in einer Schüssel vermischen. Den Salat mit Salz und Pfeffer würzen.

6. Die Minze abspülen und trocken tupfen, die Blätter abzupfen. Einige Blätter zum Garnieren beiseitelegen, die restlichen Blätter klein schneiden und unter den Salat mischen.

7. Den Salat auf Tellern anrichten und mit den beiseitegelegten Minzeblättern garnieren.

TIPP:

Zum Herauslösen der Granatapfelkerne die Fruchthälfte am besten zunächst in Segmente teilen (dazu die Schale einschneiden). Dann die Kerne vorsichtig mit den Fingern herauslösen. Wer rote Saftspritzer vermeiden möchte, kann die Granatapfelstücke dazu in eine mit Wasser gefüllte Schüssel halten – am Schluss dann einfach alles durch ein Sieb abgießen.

KICHERERBSENSALAT MIT ZUCCHINI

◔ Zubereitungszeit: 60 Minuten
+ Vegetarisch

ZUTATEN FÜR 6 PORTIONEN

FÜR DIE SALATMISCHUNG:

1 ½ kg abgetropfte Kichererbsen (aus der Dose)
etwa 500 g Radieschen
1 ¼ kg Zucchini
2 Köpfe Blattsalat, z. B. Eichblattsalat, Friséesalat oder Kopfsalat

FÜR DEN MINZEJOGHURT:

einige Stängel Minze
450 g Joghurt (1,5 % Fett)
6 EL Zitronensaft
etwa 3 gestr. TL Harissa (afrikanische Gewürzpaste)
Salz
gem. Pfeffer
½ TL Zucker

PRO PORTION:

E: 26 g, F: 8 g, Kh: 54 g, kcal: 410

1. Für die Salatmischung die Kichererbsen in einem Sieb kurz mit kaltem Wasser abspülen und gut abtropfen lassen.

2. Die Radieschen putzen, abspülen, abtropfen lassen und in dünne Scheiben schneiden.

3. Die Zucchini abspülen, abtrocknen und die Enden abschneiden. Die Zucchini mit einer Küchenreibe grob raspeln.

4. Die Blattsalate putzen. Die Blätter jeweils vom Strunk zupfen, abspülen und abtropfen lassen oder trocken schleudern. Die Salatblätter in mundgerechte Stücke zupfen.

5. Salatblätter, Kichererbsen, Radieschenscheiben und Zucchiniraspel in einer großen Salatschüssel vermischen.

6. Für den Minzejoghurt die Minze abspülen und trocken tupfen, die Blätter von den Stängeln zupfen und fein schneiden.

7. Den Joghurt mit Minzestreifen, Zitronensaft und Harissa verrühren. Mit Salz, Pfeffer und Zucker abschmecken.

8. Die Salatzutaten mit dem Minzejoghurt vermischen oder den Salat auf Tellern anrichten und mit Minzejoghurt beträufeln.

TIPPS:

Harissa ist eine feurig-scharfe Gewürzpaste aus roten Chilischoten. Geben Sie die Paste nach und nach zum Joghurt, bis dieser den von Ihnen gewünschten Schärfegrad hat.
Lassen Sie den Blattsalat unbedingt sehr gut abtropfen oder schleudern Sie ihn sehr gut trocken, damit er die übrigen Zutaten nicht verwässert.
Als Beilage passt Fladenbrot sehr gut dazu.

KNÖDELSALAT MIT KÜRBISKERNDRESSING

◔ Zubereitungszeit: 50 Minuten, ohne Abkühlzeit
+ Vegetarisch

ZUTATEN FÜR 4 PORTIONEN

FÜR DIE SALATMISCHUNG:

1 Pck. Semmelknödel im Kochbeutel (200 g)
500 g Brokkoli
200 g Möhren
Salz
40 g Kürbiskerne
8 EL Rapsöl
2 Äpfel, z. B. Elstar oder Cox Orange (250 g)

FÜR DAS DRESSING:

5 EL Weißweinessig
gem. Pfeffer
4 EL Rapsöl
2 EL Kürbiskernöl
Salz
gem. Pfeffer

PRO PORTION:

E: 12 g, F: 43 g, Kh: 26 g, kcal: 540

1. Die Semmelknödel nach Packungsanleitung in kaltem Wasser quellen lassen, garen, aus der Hülle lösen und abkühlen lassen. Den Brokkoli putzen, abspülen und in kleine Röschen teilen. Den Strunk schälen und in sehr kleine Würfel schneiden. Die Möhren schälen, abspülen und in ebenso kleine Würfel schneiden.

2. Die Brokkoliröschen in etwas kochendem Salzwasser 1 Minute vorgaren. Brokkoli- und Möhrenwürfel dazugeben und 1 Minute mitgaren. In ein Sieb abgießen, dabei das Kochwasser auffangen. Das Gemüse kurz mit eiskaltem Wasser abspülen und abtropfen lassen.

3. Die Kürbiskerne in einer Pfanne ohne Fett bei schwacher Hitze unter Wenden rösten, bis sie zu platzen beginnen. Die Kerne auf einem Teller erkalten lassen.

4. Die Knödel in Spalten schneiden und in einer Pfanne in 2 Portionen in je 4 EL Rapsöl bei schwacher bis mittlerer Hitze auf beiden Seiten goldbraun braten.

5. Die Äpfel abspülen und vierteln, das Kerngehäuse entfernen. Die Viertel in dünne Spalten schneiden. Gemüse und Apfelspalten mischen.

6. Für das Dressing Essig, 3 EL aufgefangenes Gemüsekochwasser, Pfeffer, Raps- und Kürbiskernöl gut verrühren. Das Dressing mit Salz und Pfeffer abschmecken.

7. Die Knödelspalten auf einer Platte verteilen. Die Gemüse-Apfel-Mischung daraufgeben, mit Kürbiskernen bestreuen und mit dem Dressing beträufeln. Den Salat sofort servieren.

TIPP:

Die Knödel können Sie bereits am Vortag kochen. Aus dem Kochbeutel nehmen und bis zur Verwendung zugedeckt im Kühlschrank aufbewahren.

K

KOHLRABISALAT MIT SEITANSTICKS

◔ Zubereitungszeit: 30 Minuten
+ Vegan

ZUTATEN FÜR 4 PORTIONEN

FÜR DEN SALAT:

2 mittelgroße Kohlrabi (etwa 400 g)
3–4 EL Zitronensaft
Zucker
Salz
gem. Pfeffer
3 EL mildes Speiseöl, z. B. Sonnenblumen- oder Distelöl
1–2 EL Olivenöl
1–2 große Stängel Minze
1 kleine rote Zwiebel
1 reife Mango (etwa 600 g)

FÜR TOPPING UND SEITANSTICKS:

4 EL Macadamianusskerne (ersatzweise blanchierte Mandeln)
300–400 g bratfertig vorbereiteter und gewürzter Seitan (z. B. aus dem Bio-Laden)
2 EL Speiseöl zum Braten

PRO PORTION:

E: 70 g, F: 25 g, Kh: 32 g, kcal: 647

1. Für den Salat die Kohlrabi schälen, halbieren oder vierteln und mit einem Gemüsehobel in sehr feine Scheiben direkt in eine verschließbare Kunststoffschüssel hobeln.

2. Für das Dressing Zitronensaft, 1 Prise Zucker, etwas Salz sowie Pfeffer, mildes Speiseöl und Olivenöl in einer Schüssel verquirlen.

3. Die Minze abspülen und trocken schütteln. Die Blätter abzupfen, fein schneiden und mit dem Dressing zu den Kohlrabischeiben geben. Die Dose fest verschließen und kräftig schütteln, dabei den Deckel festhalten. Die marinierten Kohlrabischeiben etwa 20 Minuten ziehen lassen.

4. Inzwischen für das Topping die Macadamianüsse in einer beschichteten Pfanne ohne Fett bei mittlerer Hitze leicht rösten. Die Nüsse auf einem Teller abkühlen lassen, dann grob hacken.

5. Für den Salat die Zwiebel abziehen und in sehr feine Streifen schneiden. Von der Mango das Fruchtfleisch vom Kern schneiden, schälen und in feine Spalten oder Streifen schneiden.

6. Für die Seitansticks den Seitan abtropfen lassen und in feine Streifen oder Stücke schneiden. Das Öl zum Braten in einer beschichteten Pfanne erhitzen und den Seitan darin in etwa 2 Minuten knusprig braten. Auf Küchenpapier abtropfen lassen.

7. Zwiebel und Mango unter die Kohlrabischeiben mischen. Den Salat evtl. mit Zitronensaft, Salz und Pfeffer abschmecken und mit dem Seitan auf Tellern anrichten. Die Nüsse darüberstreuen.

TIPP:

Statt mit frischer Minze lässt sich der Salat auch mit 1–2 Prisen getrockneter Minze (z. B. aus einem Teebeutel) marinieren. Alternativ einfach gehackte Petersilie oder Schnittlauchröllchen unter den Salat mischen.

KOPFSALAT MIT JOGHURTSAUCE

◷ Zubereitungszeit: 10 Minuten
+ Vegetarisch

ZUTATEN FÜR 4 PORTIONEN

1 Kopfsalat
250 g Joghurt (3,5 % Fett)
Saft von 1–2 Zitronen
Zucker oder Honig
Salz
gem. Pfeffer

PRO PORTION:

E: 12 g, F: 11 g, Kh: 20 g, kcal: 248

1. Den Kopfsalat putzen, dabei die äußeren und welke Blätter entfernen. Die Salatblätter vom Strunk lösen und gründlich mit kaltem Wasser abspülen. Die Blätter trocken schleudern oder in einem Sieb sehr gut abtropfen lassen. Große Salatblätter etwas kleiner zupfen.

2. Für das Dressing Joghurt und Zitronensaft in einer Schüssel mit einem Schneebesen verquirlen. Das Dressing mit Zucker oder Honig, Salz und Pfeffer abschmecken.

3. Die Salatblätter in einer großen Salatschüssel behutsam mit dem Joghurtdressing vermengen.

TIPP:

Die Joghurtsauce mit 1–2 EL frisch geschnittenen Schnittlauchröllchen verfeinern.

REZEPTVARIANTEN:

Für ein **Rosmarin-Honig-Dressing** 1 Stängel Rosmarin abspülen, trocken tupfen und die Nadeln von dem Stängel zupfen. Die Nadeln klein schneiden. 1 Schalotte abziehen und sehr fein würfeln. Saft von 1 rosa Grapefruit mit 2 EL Weißweinessig und 1 TL flüssigem Honig verrühren, Rosmarin und Schalottenwürfel unterrühren. 5 EL Distelöl unterschlagen. Mit Salz und Pfeffer abschmecken.

Für ein **Kräuterdressing** 2 EL Obstessig oder Zitronensaft mit 1 Prise Salz, 4 EL Mineralwasser und 2 TL mittelscharfem Senf verrühren. 4–5 EL Speiseöl unterschlagen. ½ Bund Schnittlauch und ½ Kästchen Kresse abspülen und trocken tupfen, die Kresse vom Beet schneiden. Den Schnittlauch in Röllchen schneiden. 1 kleine Zwiebel abziehen, fein würfeln und mit der Kresse und den Schnittlauchröllchen unter die Vinaigrette rühren, mit Salz, gem. Pfeffer und Zucker würzen. Den Salat mit der Vinaigrette vermengen.

KRAUTSALAT

Zubereitungszeit: 30 Minuten
Durchziehzeit: 60 Minuten
+ Vegan

ZUTATEN FÜR 12 PORTIONEN

1–1 ½ kg Weißkohl
300 g Gemüsezwiebeln
1 TL Kümmelsamen
4 EL Speiseöl, z. B. Sonnenblumen- oder Rapsöl
5 EL Weißweinessig
1 TL Selleriesalz
1 gestr. TL Salz
½ TL gem. Pfeffer
1–2 EL Zucker
1–2 TL ger. Meerrettich (aus dem Glas)

PRO PORTION:

E: 1 g, F: 4 g, Kh: 7 g, kcal: 67

1. Vom Weißkohl die äußeren, welken Blätter entfernen. Den Kohl vierteln, abspülen, abtropfen lassen und den Strunk herausschneiden. Den Kohl in feine Streifen schneiden oder hobeln. Die Zwiebeln abziehen und in feine Streifen schneiden. Den Kümmel mit ein paar Tropfen Speiseöl auf einem Schneidebrett grob hacken (das Öl dient dazu, dass der Kümmel beim Hacken nicht wegspringt). Kohl- und Zwiebelstreifen mit dem Kümmel in eine große Schüssel geben.

2. Für die Marinade restliches Speiseöl mit Essig, Selleriesalz, Salz, Pfeffer, Zucker und Meerrettich in einem Topf einmal kurz aufkochen lassen. Die heiße Marinade über die Kohlmischung gießen und alles gut vermengen. Den Salat etwa 60 Minuten durchziehen lassen.

3. Den Salat vor dem Servieren mit Salz, Pfeffer, Zucker und Meerrettich abschmecken.

TIPPS:

Sie können den Salat problemlos bis zu 2 Tage im Voraus zubereiten.
Wenn Sie den Weißkohlsalat mit den Händen etwas durchkneten, wird er noch weicher und zieht besser durch.
Statt Weißkohl können Sie auch Spitzkohl verwenden, dieser ist besonders zart.
2 EL Sonnenblumenkerne in einer Pfanne ohne Fett rösten und auf den fertigen Salat streuen.

K

KÜRBISSALAT MIT ROTER BETE

Zubereitungszeit: 30 Minuten
+ Vegan

ZUTATEN FÜR 4 PORTIONEN

FÜR DEN SALAT:

1 Lollo biondo
300 g Rucola (Rauke)
½ Hokkaido-Kürbis (etwa 300 g)
1 EL Olivenöl
Salz
gem. Pfeffer
4 Rote Beten (vorgegart, vakuumverpackt)
½ Salatgurke
1 Mango
½ Granatapfel
4 Frühlingszwiebeln
2 Möhren (etwa 120 g)
16 Cocktailtomaten

FÜR DAS DRESSING:

1 EL Ahornsirup
2 EL Limettensaft
6 EL Distelöl
20 g frischer Ingwer
Salz
gem. Pfeffer

ZUM BESTREUEN:

1 EL geröstete Pinienkerne

PRO PORTION:

E: 7 g, F: 20 g, Kh: 38 g, kcal: 369

1. Für den Salat den Lollo biondo putzen, abspülen und gut abtropfen lassen oder trocken schleudern. Den Salat in kleine Stücke zupfen. Den Rucola verlesen und dicke Stängel abschneiden. Den Rucola abspülen und gut abtropfen lassen oder trocken schleudern. Die Blätter evtl. etwas kleiner zupfen.

2. Aus dem Kürbis die Kerne mit einem Esslöffel herausschaben. Den Kürbis abspülen, trocken tupfen und in 1–2 cm dicke Scheiben schneiden. Das Olivenöl in einer Pfanne erhitzen und die Kürbisscheiben darin auf beiden Seiten je etwa 5 Minuten braten. Mit Salz und Pfeffer würzen.

3. Die Roten Beten in 1–2 cm dicke Spalten schneiden. Die Gurke nach Belieben waschen und abtrocknen oder schälen, dann längs halbieren und in dünne Scheiben schneiden. Von der Mango das Fruchtfleisch vom Kern schneiden, schälen und in etwa ½ cm dicke Scheiben schneiden. Die Granatapfelkerne aus der Schale lösen, dabei alle weißen Häuten entfernen.

4. Die Frühlingszwiebeln putzen, abspülen, trocken tupfen und in feine Scheiben schneiden. Die Möhren putzen, schälen, abspülen, abtropfen lassen und in sehr dünne Scheiben hobeln. Die Tomaten abspülen, abtrocknen, halbieren und evtl. die Stängelansätze herausschneiden.

5. Für das Dressing Ahornsirup und Limettensaft gut verquirlen. Das Distelöl nach und nach unterschlagen. Den Ingwer schälen und dazureiben. Das Dressing mit Salz und Pfeffer würzen.

6. Alle vorbereiteten Salatzutaten am besten auf einem Backblech mischen und mit Salz und Pfeffer würzen. Das Dressing untermischen. Den Salat auf Teller verteilen und mit Pinienkernen bestreut servieren.

KÜRBISSALAT MIT WALNUSSJOGHURT

Zubereitungszeit: 45 Minuten
Durchziehzeit: 30 Minuten
+ Vegetarisch

ZUTATEN FÜR 4 PORTIONEN

FÜR DEN SALAT:

2 Bio-Orangen
50 g getrocknete Soft-Feigen
1–2 EL Harissa (afrikanische Gewürzpaste; ersatzweise Cayennepfeffer)
5 EL flüssiger Honig, z. B. Akazienhonig
5 EL Zitronensaft
Salz
9 EL Olivenöl
1,2 kg Hokkaido-Kürbis
4 Stängel glatte Petersilie
2 Stängel Minze

FÜR DEN WALNUSSJOGHURT:

4 Frühlingszwiebeln (etwa 80 g)
60 g Walnusskerne
6 Stängel Dill
500 Sahnejoghurt (10 % Fett)
Salz

PRO PORTION:

E: 11 g, F: 48 g, Kh: 51 g, kcal: 682

1. Für den Salat 1 Orange heiß abwaschen und abtrocknen, ein Achtel der Schale mit einem Zestenreißer abziehen. Beide Orangen halbieren, den Saft auspressen und 200 ml Saft abmessen. Die Feigen klein würfeln, mit Harissa, Honig, Orangensaft, -schale, Zitronensaft und etwas Salz verrühren. 6 EL Olivenöl unterschlagen.

2. Den Kürbis abspülen, abtropfen lassen und halbieren, die Kerne und Fasern mit einem Löffel herausschaben. Den Kürbis mit der Schale zuerst in etwa 2 cm breite Scheiben schneiden, dann die Scheiben in Würfel schneiden.

3. Das restliche Olivenöl (3 EL) in einer großen Pfanne erhitzen. Die Kürbiswürfel darin bei starker Hitze etwa 4 Minuten von allen Seiten leicht anbraten. Mit 250–300 ml Wasser ablöschen und alles köcheln lassen, bis die Kürbiswürfel gar, aber noch ein wenig bissfest sind und die Flüssigkeit eingekocht ist. Die Pfanne von der Kochstelle nehmen. Die Vinaigrette untermischen. Die Pfanne mit einem Deckel verschließen. Die Kürbiswürfel mindestens 30 Minuten durchziehen lassen.

4. Inzwischen für den Walnussjoghurt die Frühlingszwiebeln putzen, abspülen, abtropfen lassen und in feine Scheiben schneiden. Die Walnusskerne grob hacken. Dill abspülen und trocken tupfen, die Spitzen von den Stängeln zupfen und klein schneiden. Joghurt, Frühlingszwiebelscheiben, Walnüsse und Dill verrühren. Die Joghurtmischung mit Salz würzen.

5. Zum Fertigstellen des Salats Petersilie und Minze abspülen und trocken tupfen. Die Blätter von den Stängeln zupfen, grob schneiden und unter den Kürbissalat mischen. Den Kürbissalat mit dem Walnussjoghurt anrichten.

TIPP:

Dazu passt Baguette.

KÜRBIS-TOFU-SALAT MIT GRÜNKOHLCHIPS

Zubereitungszeit: 60 Minuten, ohne Abkühlzeit
Garzeit: 55–65 Minuten
+ Vegan

ZUTATEN FÜR 4 PORTIONEN

FÜR DIE GRÜNKOHLCHIPS:

etwa 400 g Grünkohl (300 g netto)
2 EL Speiseöl
etwa 1 gestr. TL Salz

FÜR DEN SALAT:

1 mittelgroßer Kürbis, z. B. Hokkaido- oder Butternut-Kürbis (etwa 1,2 kg brutto)
5 EL Olivenöl
Salz
gem. Pfeffer
1 Knoblauchzehe
200 g Räuchertofu
3 EL Orangensaft (frisch gepresst oder aus der Flasche; aus dem Kühlregal)
2 EL Sojasauce
1 TL Agavendicksaft
2 Frühlingszwiebeln

PRO PORTION:

E: 10 g, F: 26 g, Kh: 17 g, kcal: 363

1. Für die Grünkohlchips ein bis zwei Backbleche mit Backpapier belegen. Den Backofen vorheizen.
Ober-/Unterhitze: etwa 140 °C
Heißluft: etwa 120 °C (empfohlen)

2. Grünkohlblätter von den dicken Strünken zupfen, gründlich waschen, trocken schleudern und sehr gut trocken tupfen. Mit 2 EL Öl in einer Schüssel mischen, und gleichmäßig mit Salz bestreuen. Auf den Backblechen verteilen. Die Bleche mit maximalem Abstand zueinander in den vorgeheizten Backofen schieben. Den Grünkohl in etwa 25 Minuten knusprig rösten, dabei die Blätter nach etwa 15 Minuten wenden. Aus dem Ofen nehmen und abkühlen lassen.

3. Inzwischen für den Salat Kürbis halbieren, Kerne und Fasern mit einem Löffel herausschaben. Butternut schälen, Hokkaido nur gut waschen und trocken reiben. Kürbis in etwa 2 cm dicke Spalten schneiden. 2 EL Olivenöl, Salz und Pfeffer verquirlen. Knoblauch abziehen und durch eine Presse dazudrücken. Kürbis und Ölmischung in einer großen Auflaufform vermengen.

4. Die Backofentemperatur erhöhen.
Ober-/Unterhitze: etwa 180 °C
Heißluft: etwa 160 °C

5. Die Form in den vorgeheizten Backofen (Mitte) schieben und den Kürbis etwa 20 Minuten garen. Inzwischen den Tofu in dünne Streifen schneiden. Nach den 20 Minuten Garzeit zum Kürbis geben und alles 10–20 Minuten weitergaren, bis der Kürbis weich ist. Dabei gelegentlich wenden.

6. Orangensaft, Sojasauce, Salz, Agavendicksaft, Pfeffer und restliches Olivenöl (3 EL) zu einem Dressing verquirlen. Heißen Kürbis und Tofu in eine Schüssel geben, mit dem Dressing beträufeln und lauwarm oder vollständig abkühlen lassen.

7. Die Frühlingszwiebeln putzen, abspülen, abtropfen lassen, in feine Ringe schneiden und unter den Salat mischen. Mit Salz und Pfeffer abschmecken. Mit Grünkohlchips anrichten.

LINSENSALAT

Zubereitungszeit: 25 Minuten, ohne Abkühlzeit
Garzeit: 30 Minuten
+ Vegan

ZUTATEN FÜR 2 PORTIONEN

120 g Pardina-Linsen
(kleine amerikanische Linsen)
2 Schalotten
1 Knoblauchzehe
2 EL Olivenöl
600 ml Gemüsebrühe
½ Möhre (etwa 50 g)
50 g Knollensellerie
2 Bio-Orangen
3–4 Stängel Basilikum
2 EL Apfelessig
Salz
gem. Pfeffer
Vollrohrzucker
1 Tomate (etwa 100 g)

PRO PORTION:

E: 17 g, F: 12 g, Kh: 45 g, kcal: 360

1. Die Linsen in einem Sieb mit kaltem Wasser abspülen und abtropfen lassen. Schalotten und Knoblauch abziehen, beides fein würfeln.

2. Das Olivenöl in einem Topf erhitzen, Schalotten und Knoblauch darin andünsten. Die Linsen dazugeben und kurz mitdünsten. Die Gemüsebrühe dazugießen. Die Zutaten zum Kochen bringen und zugedeckt etwa 20 Minuten kochen lassen.

3. In der Zwischenzeit Möhre und Sellerie putzen, schälen, abspülen, abtropfen lassen und fein würfeln. Möhren- und Selleriewürfel unter die Linsen rühren und alles etwa 10 Minuten weitergaren. Das Linsengemüse in ein Sieb abgießen, mit kaltem Wasser abspülen, abtropfen und abkühlen lassen.

4. Inzwischen 1 Orange heiß abwaschen und abtrocknen, etwa 1 EL Schale fein abreiben. Beide Orangen halbieren und den Saft auspressen.

5. Das Basilikum abspülen und trocken tupfen, die Blätter abzupfen. Einige Blätter zum Garnieren beiseitelegen, die restlichen Blätter in feine Streifen schneiden. Das Linsengemüse in eine Schüssel geben.

6. Essig, Orangenschale, Orangensaft sowie je etwas Salz, Pfeffer und Zucker verrühren. Das Dressing zum Linsengemüse geben. Die Basilikumstreifen vorsichtig unterheben. Den Salat etwa 15 Minuten durchziehen lassen.

7. In der Zwischenzeit die Tomate abspülen, abtrocknen, vierteln und den Stängelansatz herausschneiden. Die Tomatenviertel evtl. entkernen, dann in kleine Würfel schneiden. Den Salat mit Tomaten und beiseitegelegten Basilikumblättern garnieren.

TIPP:

Mit gerösteten Baguettescheiben ist dieser Salat eine vollständige Mahlzeit.

LINSENSALAT MIT APFEL

Zubereitungszeit: 20 Minuten, ohne Abkühlzeit
Durchziehzeit: 30 Minuten
+ Vegan

ZUTATEN FÜR 4 PORTIONEN

FÜR DIE SALATMISCHUNG:

50 g Beluga-Linsen
50 g rote Linsen
50 g gelbe Linsen
600 ml ungesalzene Gemüsebrühe
1–2 Möhren (etwa 100 g)
etwa 100 g Knollensellerie
1 Zwiebel (etwa 100 g)
2 EL Traubenkern- oder Olivenöl
Salz
gem. Pfeffer
2 süßsaure Äpfel, z. B. Cox Orange
1 kleines Bund glatte Petersilie

FÜR DAS DRESSING:

4 EL Balsamico bianco oder Apfelessig
abgeriebene Schale und Saft von 1 Bio-Zitrone
Salz
gem. Pfeffer
1 Prise Vollrohrzucker oder 1 EL Agavendicksaft
4 EL Apfelsaft
2 EL Traubenkern- oder Olivenöl

PRO PORTION:

E: 11 g, F: 11 g, Kh: 35 g, kcal: 286

1. Für die Salatmischung die Linsen in der Brühe nach Packungsanleitung gar kochen. In einem Sieb abtropfen und erkalten lassen.

2. Inzwischen Möhren und Sellerie putzen, schälen, abspülen, abtropfen lassen und klein würfeln. Die Zwiebel abziehen und klein würfeln.

3. Das Öl in einer Pfanne erhitzen. Die Zwiebelwürfel kurz darin andünsten, Möhren und Sellerie dazugeben und 3–4 Minuten mitdünsten. Mit Salz und Pfeffer würzen und erkalten lassen.

4. Die Äpfel schälen, vierteln, entkernen und in erbsengroße Würfel schneiden. Die Petersilie abspülen und trocken tupfen, die Blätter abzupfen und klein schneiden. Äpfel, Petersilie, Linsen und Gemüsewürfel in einer Schüssel mischen.

5. Für das Dressing Essig, Zitronenschale, Zitronensaft, Salz, Pfeffer, Zucker oder Agavendicksaft und Apfelsaft verrühren. Das Öl unterschlagen.

6. Das Dressing unter die Linsenmischung heben. Den Salat etwa 30 Minuten durchziehen lassen. Vor dem Servieren nochmals abschmecken.

REZEPTVARIANTE:

Versuchen Sie diesen Salat im Sommer einmal mit klein gewürfelten geschälten Nektarinen und Basilikum statt mit Äpfeln und Petersilie.

LÖWENZAHNSALAT MIT CROÛTONS UND EIERN

◷ Zubereitungszeit: 35 Minuten
+ Vegetarisch

ZUTATEN FÜR 4 PORTIONEN

FÜR DIE SALATMISCHUNG:

4 hart gekochte Eier (Größe nach Belieben)
400 g gelber Löwenzahn
200 g Feldsalat
4 Scheiben Toastbrot
8 EL Butter
Salz
gem. Pfeffer
16 Radieschen
8 Stängel Kerbel

FÜR DAS DRESSING:

4 gekochte Pellkartoffeln, vom Vortag
8 EL Weißweinessig
1 TL mittelscharfer Senf
4 EL Sonnenblumenöl
100 g Schlagsahne
Salz, gem. Pfeffer
Zucker

PRO PORTION:

E: 16 g, F: 50 g, Kh: 40 g, kcal: 681

1. Für die Salatmischung die Eier pellen. Eiweiß und Eigelb getrennt klein hacken. Den Löwenzahn putzen, gründlich waschen und trocken schleudern. Den Feldsalat verlesen und die Wurzelenden abschneiden. Den Feldsalat gründlich waschen und trocken schleudern.

2. Das Brot entrinden und 1 cm groß würfeln. Die Butter in einer Pfanne zerlassen, das Brot darin rundherum goldgelb braten. Mit Salz und Pfeffer würzen, dann auf Küchenpapier abtropfen lassen.

3. Die Radieschen putzen, abspülen, trocken tupfen und in dünne Scheiben hobeln. Den Kerbel abspülen und trocken tupfen, die Blättchen abzupfen. Radieschen und Kerbel beiseitestellen.

4. Für das Dressing die Kartoffeln pellen, mit einer Küchenreibe fein reiben und mit dem Essig zu einer glatten Masse verrühren. Senf, Sonnenblumenöl und Sahne unterrühren. Mit Salz, Pfeffer und Zucker würzen.

5. Löwenzahn und Feldsalat in einer Schüssel mit dem Dressing vermischen und mit Radieschen auf Tellern anrichten. Croûtons, gehackte Eier und Kerbel auf dem Salat verteilen.

TIPPS:

Löwenzahn gibt es meist nur im Frühjahr und Sommer. Im Herbst und Winter einfach zu einer anderen bitteren Salatsorte greifen, z. B. zu Chicorée oder Radicchio.
Anstelle der Radieschen passen auch Rettichscheiben, und statt Kerbel schmeckt Kresse.

MANGO-PAPAYA-SALAT MIT CASHEWKERNEN

Zubereitungszeit: 25 Minuten

ZUTATEN FÜR 4 PORTIONEN

2 reife Mangos
2 Papayas
2 rotschalige Äpfel

FÜR DAS DRESSING:

4 kleine rote Zwiebeln
2 rote Chilischoten
2 Bio-Limetten
4 EL brauner Zucker
200 ml Orangensaft
4 EL Sesamöl
4 EL asiatische Fischsauce
Salz
10 Stängel Koriander
8 EL Cashewkerne
8 EL Röstzwiebeln

PRO PORTION:

E: 12 g, F: 35 g, Kh: 82 g, kcal: 702

1. Von den Mangos das Fruchtfleisch jeweils vom Kern schneiden. Die Papayas halbieren und die Kerne mit einem Löffel herauslösen. Mangos und Papayas schälen. Die Äpfel abspülen, abtrocknen, halbieren und entkernen. Mangos, Papayas und Apfelhälften mit Schale in gleich lange Stäbe (Stifte) schneiden.

2. Für das Dressing die Zwiebeln abziehen und in kleine Würfel schneiden. Die Chilischoten abspülen, trocken tupfen, entstielen und in sehr feine Ringe schneiden. Die Limetten heiß abwaschen und abtrocknen, die Schale abreiben. Die Limetten halbieren und den Saft auspressen.

3. Limettenschale, -saft, Zucker, Orangensaft, Sesamöl und Fischsauce in einer Salatschüssel mit einem Schneebesen verquirlen, mit Salz würzen. Zwiebelwürfel und Chiliringe unterrühren.

4. Die Fruchtstäbe (-stifte) zum Dressing in die Schüssel geben und alles vorsichtig vermischen.

5. Den Koriander abspülen und trocken tupfen. 4 Stängel beiseitelegen, von den restlichen Stängeln die Blätter abzupfen und in grobe Streifen schneiden. Die Cashewkerne fein hacken.

6. Den Mango-Papaya-Salat auf einer Platte anrichten. Mit Korianderstreifen, Cashewkernen und Röstzwiebeln bestreuen. Mit den beiseitegelegten Korianderstängeln garnieren.

MATJESSALAT

Zubereitungszeit: 20 Minuten
Wässer- und Durchziehzeit: 2 Stunden

ZUTATEN FÜR 4 PORTIONEN

4 Matjesfilets
1 mittelgroßer Apfel
1 kleine Zwiebel
100 g Fleischwurst
250 g abgetropfte Rote Beten (aus dem Glas)
2 abgetropfte kleine Gewürzgurken
2 geh. EL Salatmayonnaise
4 EL Schlagsahne
2 EL Himbeersirup
Salz
gem. Pfeffer

PRO PORTION:

E: 11 g, F: 26 g, Kh: 16 g, kcal: 355

1. Die Matjesfilets etwa 60 Minuten in eine Schüssel in kaltes Wasser legen (wässern). Die Matjesfilets anschließend trocken tupfen und in kleine Stücke schneiden.

2. Den Apfel schälen, vierteln und das Kerngehäuse herausschneiden. Die Zwiebel abziehen. Von der Fleischwurst die Pelle abziehen. Rote Beten, Apfel, Zwiebel, Fleischwurst und Gewürzgurken in kleine Würfel schneiden.

3. Die Salatmayonnaise mit Sahne und Himbeersirup verrühren, das Dressing mit den vorbereiteten Salatzutaten vermengen. Den Salat mit Salz und Pfeffer abschmecken und mindestens 60 Minuten durchziehen lassen.

MAULTÄSCHLESALAT MIT SENFDRESSING

Zubereitungszeit: 20 Minuten

ZUTATEN FÜR 4 PORTIONEN

FÜR DIE SALATMISCHUNG:

1 große Zwiebel (etwa 150 g)
1 Knoblauchzehe
4 EL Olivenöl
250 g abgetropfte Champignons (aus der Dose) oder frische Champignons
500 g Maultaschen (mit Fleisch- oder Gemüsefüllung; z. B. aus dem Kühlregal)
1 große Möhre (etwa 125 g)
1 Salatgurke
1 kleiner Römersalat oder Römersalatherz

FÜR DAS DRESSING:

3 EL Apfelessig
2 TL süßer Senf
Salz
gem. Pfeffer
2–4 EL Olivenöl
4 EL Schnittlauchröllchen (TK oder frisch)

PRO PORTION:

E: 15 g, F: 27 g, Kh: 32 g, kcal: 436

1. Für die Salatmischung Zwiebel und Knoblauch abziehen. Die Zwiebel halbieren, zuerst in dünne Scheiben schneiden, dann in Ringe teilen. Den Knoblauch in dünne Scheiben schneiden.

2. In einer großen Pfanne 2 EL Olivenöl erhitzen. Zwiebelringe und Knoblauchscheiben darin bei mittlerer Hitze unter Wenden goldbraun braten.

3. Die Champignons in dicke Scheiben schneiden oder halbieren. Oder frische Champignons putzen, kurz abspülen, trocken tupfen und in Scheiben schneiden oder halbieren. Die Maultaschen in etwa 2 cm breite Streifen schneiden.

4. Die Zwiebelmischung in der Pfanne an eine Seite schieben. Weitere 2 EL Olivenöl in der Pfanne erhitzen und Champignons und Maultaschenstücke darin unter Wenden goldbraun braten.

5. Die Möhre putzen, schälen, abspülen, abtropfen lassen und mit einem Gemüsehobel oder Sparschäler in feine Scheiben schneiden. Die Gurke abspülen, trocken tupfen, nach Belieben schälen, längs halbieren und in Scheiben schneiden. Den Salat putzen, abspülen, trocken schleudern und in breite Streifen schneiden.

6. Für das Dressing Essig mit Senf, Salz und Pfeffer verrühren. Das Olivenöl unterschlagen. Den Schnittlauch unterrühren.

7. Die vorbereiteten Salatzutaten auf einer Platte anrichten und mit dem Senfdressing beträufeln.

TIPP:

Als Beilage zum Maultäschlesalat passen Laugenbrezeln sehr gut.

MEDITERRANER QUINOASALAT

◷ Zubereitungszeit: 40 Minuten, ohne Abkühlzeit
Gar- und Backzeit: 45 Minuten
+ Vegetarisch

ZUTATEN FÜR 4 PORTIONEN

FÜR DIE QUINOAMISCHUNG:

250 ml Gemüsebrühe
125 g Quinoa (hell, dunkel oder gemischt)
2 Frühlingszwiebeln
4–5 EL milder Essig, z. B. Weißweinessig
Salz, gem. Pfeffer
1 TL mittelscharfer Senf
1 TL Honig
2 EL Olivenöl
1 TL getrockneter Thymian

FÜR DAS OFENGEMÜSE:

2 große rote Paprikaschoten
6 kleine Tomaten, z. B. Flaschentomaten
2 Knoblauchzehen
3 EL Olivenöl
gem. Pfeffer
1–2 TL getrockneter Thymian
Salz
2 mittelgroße Zucchini
Saft von 1 Zitrone

PRO PORTION:

E: 9 g, F: 16 g, Kh: 109 g, kcal: 296

1. Für die Quinoamischung die Gemüsebrühe in einem Topf zum Kochen bringen. Die Quinoa in einem feinen Sieb gründlich mit heißem Wasser abspülen und abtropfen lassen. Dann unter Rühren in die kochende Brühe streuen und zugedeckt bei schwacher Hitze etwa 20 Minuten garen. Auf der ausgeschalteten Herdplatte etwa 5 Minuten nachquellen lassen.

2. Die Frühlingszwiebeln putzen, abspülen, abtropfen lassen und in feine Scheiben schneiden. Essig, Salz, Pfeffer, Senf, Honig und Öl verquirlen. Frühlingszwiebeln und Thymian untermischen. Die Quinoa abtropfen lassen, mit dem Dressing mischen und etwas abkühlen lassen.

3. Inzwischen für das Ofengemüse den Backofen vorheizen. Ein Backblech mit Backpapier belegen.
Ober-/Unterhitze: etwa 220 °C
Heißluft: etwa 200 °C

4. Die Paprikaschoten halbieren, entstielen, entkernen und weiße Scheidewände entfernen. Die Schoten abspülen, trocken tupfen, mit der Haut nach oben auf dem Blech verteilen. In den Backofen (Mitte) schieben und 3–4 Minuten rösten, bis die Haut dunkle Blasen wirft.

5. Inzwischen die Tomaten abspülen, abtrocknen und halbieren. 1 Knoblauchzehe abziehen, fein würfeln und mit 2 EL Öl, Pfeffer und Thymian mischen. Die Paprika vom Blech nehmen, mit feuchtem Küchenpapier bedeckt abkühlen lassen.

6. Die Backofentemperatur reduzieren.
Ober-/Unterhitze: etwa 180 °C
Heißluft: etwa 160 °C

7. Die Tomaten mit den Schnittflächen nach oben auf dem Blech verteilen, mit Salz bestreuen und mit der Ölmischung beträufeln. Im Backofen etwa 15 Minuten rösten. Aus dem Ofen nehmen und etwas abkühlen lassen.

8. Während die Tomaten garen, die Paprika häuten und in kleine Stücke schneiden. Die Zucchini putzen, abspülen, abtrocknen und längs in sehr feine Scheiben hobeln. Übrigen Knoblauch abziehen, hacken und mit 2–3 EL Zitronensaft, Salz, Pfeffer und restlichem Öl (1 EL) verquirlen, die Zucchini damit marinieren.

9. Den Salat mit Salz, Pfeffer und evtl. Zitronensaft abschmecken, die Paprika untermischen. Mit Tomaten und Zucchini auf Tellern anrichten.

M

MEERESFRÜCHTESALAT

Zubereitungszeit: 40 Minuten, ohne Auftauzeit
Durchziehzeit: 15 Minuten

ZUTATEN FÜR 4 PORTIONEN

500 g TK-Frutti di mare (Meeresfrüchte-Mix)
125 g abgetropfte Kalamata-Oliven, mit oder ohne Stein (aus dem Glas)
2 Bio-Zitronen
400 g Fenchel
5 EL Olivenöl
Salz
20 g abgetropfte Kapern (aus dem Glas)
½ Bund Schnittlauch
gem. Pfeffer
Paprikapulver rosenscharf

PRO PORTION:

E: 18 g, F: 19 g, Kh: 9 g, kcal: 280

1. Die Meeresfrüchte nach Packungsanleitung auftauen lassen, abspülen und abtropfen lassen. Die Oliven, falls nötig, aufschneiden und den Stein entfernen. Die Oliven in Streifen schneiden.

2. Die Zitronen heiß abwaschen und abtrocknen, die Schale auf einem Hobel in dünne Späne hobeln oder mit einem Zestenreißer abziehen und beiseitestellen. Die Zitronen so schälen, dass auch die weiße Haut mit entfernt wird. Die Fruchtfilets zwischen den Trennhäuten herauslösen und in eine Schüssel geben. Die Reste der Zitronen über den Filets ausdrücken.

3. Den Fenchel putzen und abspülen, das Grün beiseitelegen. Die Knollen vierteln und in dünne Scheiben schneiden.

4. In einer großen Pfanne 3 EL Olivenöl erhitzen und die Meeresfrüchte darin bei mittlerer bis starker Hitze 2–3 Minuten erhitzen. Dann mit Salz würzen, mit einer Schaumkelle herausheben und zu den Zitronenfilets geben. Die Hälfte der Zitronenschale unterheben.

5. Die Fenchelscheiben in den Bratensatz geben und 3 Minuten zugedeckt dünsten. Die Fenchelscheiben zu den Meeresfrüchten geben. Kapern und Oliven unterheben.

6. Den Schnittlauch abspülen, trocken tupfen und in feine Röllchen schneiden. Das Fenchelgrün in kleine Zweige zupfen. Beides zu den Meeresfrüchten geben.

7. Den Salat mit Salz, Pfeffer, Paprikapulver und dem restlichen Öl (2 EL) mischen und abschmecken. Etwa 15 Minuten durchziehen lassen und mit der übrigen Zitronenschale sowie Salz und Pfeffer abschmecken.

TIPP:

Der Salat schmeckt lauwarm oder kalt. Dazu passen z. B. in Paprikabutter geröstete Weißbrotstreifen oder Kräuterbaguette.

MELONENSALAT MIT SCHINKEN

Zubereitungszeit: 35 Minuten

ZUTATEN FÜR 4 PORTIONEN

FÜR DIE SALATMISCHUNG:

50 g Pinienkerne
1 Zuckermelone (1 ½ kg)
1 Kopfsalat
3 Stängel Basilikum
80 g Parma- oder Serranoschinken, in dünnen Scheiben

FÜR DAS DRESSING:

3–4 TL Limettensaft
4 EL Traubenkernöl oder mildes Rapsöl
Salz
grob gem. Pfeffer

PRO PORTION:

E: 18 g, F: 11 g, Kh: 36 g, kcal: 343

1. Für die Salatmischung die Pinienkerne in einer Pfanne ohne Fett unter Wenden goldbraun rösten. Auf einen Teller geben und erkalten lassen.

2. Die Zuckermelone halbieren und die Kerne mit einem Löffel herausschaben. Die Melone in breite Scheiben schneiden und die Schale entfernen. Das Fruchtfleisch in gleich große, mundgerechte Würfel schneiden, die dabei anfallenden Melonenabschnitte (etwa 200 g) für das Dressing auf einem Teller beiseitestellen.

3. Den Kopfsalat putzen, zerteilen, abspülen und trocken schleudern. Die Salatblätter in mundgerechte Stücke zupfen und auf Tellern anrichten. Die Melonenwürfel darauf verteilen.

4. Das Basilikum abspülen und trocken tupfen, die Blätter abzupfen. Den Schinken in schmale Streifen schneiden.

5. Für das Dressing die beiseitegestellten Melonenabschnitte mit 2 TL Limettensaft und dem Öl in einem hohen Rührbecher mit einem Stabmixer fein pürieren. Mit dem übrigen Limettensaft (1–2 TL) und etwas Salz abschmecken.

6. Den Melonensalat mit Dressing beträufeln, mit Pinienkernen, Schinken und Basilikum bestreuen. Nach Belieben noch etwas Pfeffer daraufstreuen.

TIPP:

Außer Zuckermelone eignen sich alle anderen Melonen für den Salat. Wer mag, sticht das Fruchtfleisch mit einem Kugelausstecher aus, statt es in Würfel zu schneiden.

MELONENSALAT MIT SPINAT UND ZIEGENQUARK

◷ Zubereitungszeit: 45 Minuten
+ Vegetarisch

ZUTATEN FÜR 6 PORTIONEN

75 g Mandeln
1 EL brauner Zucker
1 Wassermelone (etwa 1750 g; möglichst kernlos)
1 rote Zwiebel (etwa 50 g)
100 g Babyspinat
250 g Ziegenquark
Salz
gem. Pfeffer
3 EL Olivenöl

PRO PORTION:

E: 8 g, F: 17 g, Kh: 16 g, kcal: 198

1. Die Mandeln in einer Pfanne ohne Fett unter gelegentlichem Rühren leicht rösten. Dann mit dem Zucker bestreuen und kurz durchschwenken. Auf Backpapier geben und erkalten lassen.

2. In der Zwischenzeit die Melone vierteln und schälen. Das Melonenfruchtfleisch in etwa 3 cm große Würfel schneiden und auf einer großen Platte verteilen. Die Melonenwürfel zugedeckt in den Kühlschrank stellen.

3. Die Zwiebel abziehen und in feine Streifen schneiden. Den Spinat verlesen, gründlich waschen, gut abtropfen lassen oder trocken schleudern. Die Mandeln grob hacken.

4. Den Spinat auf den Melonenwürfeln verteilen. Den Ziegenquark klecksweise darauf verteilen. Zwiebelstreifen und gehackte Mandeln daraufstreuen. Salat mit Salz und Pfeffer bestreuen, mit Olivenöl beträufeln und sofort servieren.

MÖHRENSALAT MIT APFEL

Zubereitungszeit: 20 Minuten
Durchziehzeit: 20 Minuten
+ Vegan

ZUTATEN FÜR 4 PORTIONEN

1–2 EL frisch gepresster Zitronensaft
Salz
Zucker
1–2 EL Sonnenblumenöl
500 g Möhren
2–3 Äpfel (etwa 250 g)

PRO PORTION:

E: 1 g, F: 4 g, Kh: 11 g, kcal: 89

1. Für das Dressing den Zitronensaft mit 1 Prise Salz und 1 Prise Zucker verrühren. Das Sonnenblumenöl mit einem Schneebesen unterschlagen.

2. Die Möhren putzen, schälen, abspülen und abtropfen lassen. Die Äpfel schälen und vierteln, die Kerngehäuse herausschneiden.

3. Möhren und Apfelviertel mit einer Küchenreibe grob in eine Schüssel raspeln.

4. Das Dressing zu den Möhren- und Apfelraspeln geben und alles vorsichtig vermischen. Den Salat nochmals mit etwas Zucker und Zitronensaft abschmecken und abgedeckt etwa 20 Minuten durchziehen lassen.

TIPP:

Anstelle von Sonnenblumenöl schmeckt in diesem Salat auch Walnussöl sehr gut. Mischen Sie dann zusätzlich noch 2 EL Walnusskerne unter oder bestreuen Sie den Salat damit.
Verwenden Sie frisch gepressten Orangensaft statt Zitronensaft – je nach Süße der Orange können Sie dann auf Zucker verzichten.

NIZZA-SALAT

Zubereitungszeit: 45 Minuten

ZUTATEN FÜR 4 PORTIONEN

400 g grüne Bohnen
Salz
4 Eier (Größe nach Belieben)
500 g mittelgroße Tomaten
2 gelbe Paprikaschoten (etwa 300 g)
1 rote Zwiebel
1 große Salatgurke (etwa 500 g)
4 Sardellenfilets (etwa 20 g; in Salz eingelegt)
100 g schwarze Oliven
300 g abgetropfter Thunfisch, in Öl (aus der Dose)

FÜR DAS DRESSING:

6 EL Weißweinessig
Salz
gem. Pfeffer
8 EL Olivenöl

PRO PORTION:

E: 31 g, F: 44 g, Kh: 15 g, kcal: 596

1. Von den Bohnen die Enden abschneiden, die Bohnen evtl. abfädeln. Bohnen abspülen und abtropfen lassen. Salzwasser in einem Topf zum Kochen bringen und die Bohnen darin etwa 10 Minuten garen. Anschließend in ein Sieb abgießen, mit kaltem Wasser abschrecken und abtropfen lassen.

2. Die Eier (evtl. an der runden Seite anpieken) in kochendes Wasser geben und in 8–10 Minuten wachsweich bis hart kochen (siehe Tipp). Die Eier in kaltem Wasser abschrecken.

3. Die Stängelansätze der Tomaten keilförmig herausschneiden. Die Tomaten kreuzweise einschneiden und mit kochendem Wasser übergießen. Nach 1–2 Minuten herausnehmen und mit kaltem Wasser abschrecken. Die Tomaten häuten und in Sechstel schneiden.

4. Die Paprikaschoten vierteln, entstielen, entkernen und die weißen Scheidewände entfernen. Die Schotenstücke abspülen, abtropfen lassen und in dünne Streifen schneiden. Die Zwiebel abziehen und in Ringe schneiden. Die Salatgurke abspülen und die Enden abschneiden. Die Gurke in dünne Scheiben schneiden.

5. Die Eier pellen und jeweils längs vierteln oder sechsteln. Die Sardellenfilets abspülen und mit Küchenpapier abtupfen. Oliven und Thunfisch in je einem Sieb abtropfen lassen. Die Salatzutaten portionsweise auf Tellern anrichten.

6. Für das Dressing den Essig mit etwas Salz und Pfeffer verrühren, das Olivenöl unterschlagen. Die Salatportionen mit dem Dressing beträufeln.

TIPP:

Für wachsweiche Eier die gekühlten Eier etwa 8 Minuten kochen. Sollen die Eier hart sein, die Eier etwa 10 Minuten kochen.

NUDELSALAT

Zubereitungszeit: 25 Minuten
Garzeit: 8–10 Minuten

ZUTATEN FÜR 4–6 PORTIONEN

2 gestr. TL Salz
200 g Spiralnudeln
100 g TK-Erbsen
1 kleines Bund Frühlingszwiebeln
200 g Fleischwurst
100 g junger Gouda, am Stück (ohne Rinde)
175 g abgetropfte Mandarinen (aus der Dose; Einlegeflüssigkeit aufgefangen)
3–4 EL Mandarinen-Einlegeflüssigkeit

FÜR DRESSING UND DEKO:

100 g Salatmayonnaise
100 g Joghurt (3,5 % Fett)
3 EL Zitronensaft
Salz
gem. Pfeffer
Zucker
einige Stängel Dill

PRO PORTION:

E: 22 g, F: 45 g, Kh: 49 g, kcal: 698

1. In einem großen Topf Wasser zugedeckt zum Kochen bringen. Salz und Nudeln dazugeben. Die Nudeln im geöffneten Topf bei mittlerer Hitze nach Packungsanleitung bissfest kochen, dabei gelegentlich umrühren. 1 Minute vor Garzeitende die TK-Erbsen dazugeben und mitgaren. Die Nudeln mit den Erbsen in ein Sieb abgießen, mit kaltem Wasser abspülen und abtropfen lassen.

2. Die Frühlingszwiebeln putzen, abspülen, abtropfen lassen und in Scheiben schneiden. Von der Fleischwurst die Pelle abziehen. Fleischwurst und Käse in etwa 1 cm große Würfel schneiden.

3. Nudeln, Erbsen, Frühlingszwiebeln, Wurst, Käse und Mandarinen in eine Schüssel geben.

4. Für das Dressing Mayonnaise, Joghurt, Zitronensaft und Mandarinen-Einlegeflüssigkeit verrühren. Mit Salz, Pfeffer und etwas Zucker würzen. Das Dressing zu den Salatzutaten in die Schüssel geben und alles vorsichtig mischen. Den Nudelsalat kurz durchziehen lassen.

5. Für die Deko den Dill abspülen und trocken tupfen, die Spitzen abzupfen und grob schneiden. Den Nudelsalat mit Dill bestreut servieren.

TIPPS:

Statt Fleischwurst klein geschnittene Wiener oder Bockwürstchen verwenden. Oder als pikante Variante in Würfel geschnittene Chorizo (spanische Paprikawurst) unter den Salat mischen.
Für eine vegetarische Variante die Wurst weglassen und durch 165 g abgetropften Gemüsemais (aus der Dose) ersetzen.

NUDELSALAT „BELLA ITALIA“

Zubereitungszeit: 50 Minuten
Garzeit: 8–10 Minuten
Durchziehzeit: 20 Minuten

ZUTATEN FÜR 6 PORTIONEN

Salz
250 g Nudeln, z. B. Penne oder Orecchiette
250 g Gemüsezwiebeln
200 g Zucchini
200 g Fleischtomaten
200 g Bratenaufschnitt, z. B. Kalbsbraten
3 EL Aceto balsamico
gem. Pfeffer
gerebelter Oregano
4 EL Olivenöl
12 abgetropfte schwarze Oliven, ohne Stein
2 TL abgetropfte Kapern (aus dem Glas)

FÜR DIE THUNFISCHSAUCE:

185 g Thunfisch, in Öl
150 g Joghurt (3,5 % Fett)
1 EL Salatmayonnaise
Salz, gem. Pfeffer
1 Topf Basilikum

PRO PORTION:

E: 26 g, F: 30 g, Kh: 41 g, kcal: 549

1. Wasser in einem großen Topf zugedeckt zum Kochen bringen. Salz und Nudeln dazugeben. Die Nudeln im geöffneten Topf bei mittlerer Hitze nach Packungsanleitung bissfest kochen, dabei gelegentlich umrühren. In ein Sieb abgießen, mit kaltem Wasser abspülen und abtropfen lassen.

2. Die Zwiebeln abziehen, halbieren und in sehr dünne Scheiben schneiden. Die Zucchini abspülen, abtrocknen und die Enden abschneiden. Die Zucchini in dünne Scheiben schneiden. Zwiebel und Zucchini in wenig kochendem Salzwasser einmal aufkochen lassen. In ein Sieb abgießen, kalt abschrecken und abtropfen lassen.

3. Die Tomaten kreuzweise einschneiden und mit kochendem Wasser übergießen. Nach 1–2 Minuten herausnehmen und mit kaltem Wasser abschrecken. Die Tomaten häuten, halbieren und die Stängelansätze herausschneiden. Die Tomaten entkernen und in Spalten schneiden. Den Bratenaufschnitt in Streifen schneiden.

4. Essig, Salz, Pfeffer und Oregano in einer Salatschüssel verrühren. Das Olivenöl unterschlagen. Vorbereitete Salatzutaten, Oliven und Kapern dazugeben und alles vermengen. Den Salat etwa 20 Minuten durchziehen lassen.

5. Inzwischen für die Sauce Thunfisch mit Öl, Joghurt und Mayonnaise in einem Rührbecher mit einem Stabmixer pürieren. Die Sauce mit Salz und Pfeffer abschmecken und in ein Schälchen füllen. Das Basilikum abspülen und trocken tupfen, die Blätter abzupfen und die Sauce damit garnieren. Die Thunfischsauce zum Salat reichen.

NUDELSALAT MIT DILLGURKEN

Zubereitungszeit: 45 Minuten
Garzeit: 8–10 Minuten
Durchziehzeit: 15 Minuten

ZUTATEN FÜR 4 PORTIONEN

200 g Nudeln, z. B. Makkaroni
Salz
½ gebratenes Hähnchen (400–500 g)
etwa 250 g Staudensellerie
etwa 200 g abgetropfte Dillgurken (aus dem Glas; Einlegeflüssigkeit aufgefangen)

FÜR DRESSING UND GARNITUR:

2 EL Crème fraîche
2 EL Joghurt (3,5 % Fett)
1 EL Weißweinessig
1–2 EL Dillgurken-Einlegeflüssigkeit
Salz, gem. Pfeffer, Zucker
1–2 Stängel Dill

PRO PORTION:

E: 27 g, F: 14 g, Kh: 38 g, kcal: 391

1. Die Makkaroni in etwa 2 cm lange Stücke brechen. Wasser in einem großen Topf zugedeckt zum Kochen bringen. Salz und Nudeln dazugeben. Die Nudeln im geöffneten Topf bei mittlerer Hitze nach Packungsanleitung bissfest kochen, dabei gelegentlich umrühren. Die Nudeln in ein Sieb abgießen, mit kaltem Wasser abspülen und abtropfen lassen.

2. Das Hähnchenfleisch von den Knochen lösen, die Haut entfernen. Das Fleisch in mundgerechte Stücke schneiden.

3. Den Sellerie putzen und die harten Fäden abziehen. Den Sellerie abspülen, abtropfen lassen und in dünne Scheiben schneiden. Die Dillgurken in dünne Scheiben schneiden.

4. Für das Dressing Crème fraîche, Joghurt, Essig und Dillgurken-Einlegeflüssigkeit in einer Schüssel verrühren. Das Dressing mit Salz, Pfeffer und Zucker abschmecken.

5. Die vorbereiteten Salatzutaten mit dem Dressing in einer Schüssel mischen. Den Salat etwa 15 Minuten durchziehen lassen.

6. Für die Garnitur den Dill abspülen und trocken tupfen, die Spitzen nach Belieben abzupfen und fein schneiden.

7. Den Nudelsalat kurz vor dem Servieren nochmals mit Salz, Pfeffer und Zucker abschmecken. Mit dem Dill garnieren oder diesen unter den Salat heben.

TIPP:

Anstelle von Dillgurken können Sie für den Salat auch andere eingelegte Gurken vewenden, z. B. Gewürz-, Pfeffer- oder Knoblauchgurken.

NUDELSALAT MIT KÜRBISDRESSING

Zubereitungszeit: 40 Minuten
+ Vegan

ZUTATEN FÜR 4 PORTIONEN

1 Hokkaido-Kürbis (etwa 900 g)
1 Stange Lauch (etwa 250 g)
1–2 Knoblauchzehen
30 g Kürbiskerne
80 g abgetropfte schwarze Oliven, ohne Stein
Salz
400 g Vollkornnudeln ohne Ei, z. B. Dinkel-Penne
2 EL Speiseöl
250 ml Gemüsebrühe
gem. Pfeffer
Cayennepfeffer
gem. Koriander
1–2 TL Zitronensaft
2–3 EL Kürbiskernöl

PRO PORTION:

E: 19 g, F: 24 g, Kh: 76 g, kcal: 596

1. Den Kürbis putzen, abspülen, abtropfen lassen, halbieren, in Spalten schneiden und entkernen. Die Spalten mit Schale quer in dünne Scheiben schneiden. Den Lauch putzen, längs halbieren, gründlich waschen, abtropfen lassen und quer in etwa ½ cm breite Streifen schneiden. Den Knoblauch abziehen und in Scheiben schneiden.

2. Die Kürbiskerne in einer Pfanne ohne Fett bei mittlerer Hitze unter Wenden leicht rösten, dann herausnehmen. Die Oliven in Ringe schneiden.

3. Wasser in einem großen Topf zugedeckt zum Kochen bringen. Salz und Nudeln dazugeben. Die Nudeln im geöffneten Topf bei mittlerer Hitze nach Packungsanleitung bissfest kochen, dabei gelegentlich umrühren.

4. In der Zwischenzeit das Speiseöl in einem Topf erhitzen. Lauch und Knoblauch darin andünsten. Brühe und Kürbisscheiben dazugeben, alles zum Kochen bringen und zugedeckt etwa 8 Minuten bei mittlerer Hitze dünsten.

5. Die Nudeln in ein Sieb abgießen, mit kaltem Wasser abspülen und abtropfen lassen.

6. Die Olivenringe unter die Kürbismischung rühren und aufkochen. Mit Salz, Pfeffer, Cayennepfeffer, Koriander und Zitronensaft abschmecken.

7. Die Nudeln mit der Kürbismischung vermengen, in Salatschalen anrichten, mit Kürbiskernen bestreuen und mit Kürbiskernöl beträufeln.

TIPPS:

Anstelle von Kürbiskernöl kann auch Nussöl verwendet werden.
Als Garnitur passen ganze oder in Streifen geschnittene Basilikumblätter.

NUDELSALAT MIT NEKTARINEN

Zubereitungszeit: 35 Minuten
Garzeit: 8–10 Minuten
+ Vegan

ZUTATEN FÜR 6 PORTIONEN

Salz
500 g kurze Nudeln, z. B. Penne
1 Knolle Fenchel
3 Handvoll Rucola (Rauke; etwa 120 g)
2 Nektarinen
185 g abgetropfte schwarze Oliven, ohne Stein (aus dem Glas)
2 EL rotes Pesto (aus dem Glas)
gem. Pfeffer

PRO PORTION:

E: 13 g, F: 10 g, Kh: 67 g, kcal: 419

1. Wasser in einem großen Topf zugedeckt zum Kochen bringen. Salz und Nudeln dazugeben. Die Nudeln bei mittlerer Hitze nach Packungsanleitung bissfest kochen, dabei gelegentlich umrühren. Die Nudeln in ein Sieb abgießen, kurz kalt abspülen und abtropfen lassen.

2. Den Fenchel putzen, abspülen, abtropfen lassen, halbieren und in feine Streifen schneiden. Den Rucola verlesen und die dicken Stängel abschneiden. Den Rucola abspülen, trocken schleudern und evtl. etwas kleiner zupfen.

3. Die Nektarinen abspülen, abtrocknen und halbieren. Die Steine entfernen. Die Nektarinenhälften in dünne Spalten schneiden.

4. Nudeln, Oliven und Pesto in einer Schüssel gut mischen, evtl. noch etwas Öl von den Oliven dazugeben. Fenchelstreifen, Nektarinenspalten und Rucola untermischen. Den Nudelsalat mit Salz und Pfeffer abschmecken.

NUDELSALAT MIT PILZEN

Zubereitungszeit: 40 Minuten, ohne Abkühlzeit

ZUTATEN FÜR 4–6 PORTIONEN

Salz
300 g kurze Nudeln, z. B. Pipe rigate
2 Schalotten
400 g gemischte Pilze, z. B. Champignons, Kräuterseitlinge, Shiitakepilze
250 g Cocktailtomaten
175 ml heiße Gemüsebrühe
gem. Pfeffer
2–3 TL Basilikum-Pesto (aus dem Glas)
500 g Salsicce (ital. rohe, grobe Bratwürste)
2 EL Olivenöl
1–2 EL Zitronensaft
1 Radicchio (etwa 175 g)
200 g Joghurt (3,5 % Fett)
etwa 50 g Parmesan, am Stück
evtl. frische Kräuterblätter

PRO PORTION:

E: 27 g, F: 38 g, Kh: 51 g, kcal: 656

1. Wasser in einem großen Topf zugedeckt zum Kochen bringen. Salz und Nudeln dazugeben. Die Nudeln im geöffneten Topf bei mittlerer Hitze nach Packungsanleitung bissfest kochen, dabei gelegentlich umrühren.

2. Inzwischen die Schalotten abziehen und in feine Würfel schneiden. Die Pilze putzen, evtl. kurz abspülen und gut trocken tupfen. Die Tomaten abspülen, abtrocknen, halbieren und evtl. die Stängelansätze herausschneiden.

3. Die gegarten Nudeln in ein Sieb abgießen, mit heißem Wasser abspülen und anschließend gut abtropfen lassen.

4. Die heiße Brühe mit etwas Salz und Pfeffer sowie dem Pesto in einer Schüssel verrühren. Die Nudeln untermischen. Lauwarm abkühlen lassen.

5. Inzwischen aus den Salsicce das Brät aus den Pellen drücken und zu kleinen Klößchen formen. Eine beschichtete Pfanne erhitzen und die Klößchen darin unter Wenden etwa 3 Minuten rundherum braun braten, dann herausnehmen und auf einen Teller geben.

6. Das Olivenöl in der Pfanne erhitzen, Pilze und Schalottenwürfel darin unter Wenden bei mittlerer Hitze braun braten. Anschließend mit Salz, Pfeffer und Zitronensaft würzen.

7. Den Radicchio putzen, abspülen und gut abtropfen lassen, die Blätter in mundgerechte Stücke schneiden oder zupfen.

8. Den Joghurt unter die Nudeln mischen, mit Salz und Pfeffer würzen. Salsicce-Klößchen und Tomaten unter die Nudeln heben. Den Salat mit Pilzen und Radicchio auf einer Platte anrichten. Den Parmesan in Spänen daraufhobeln. Nach Belieben Kräuterblätter abspülen, trocken tupfen und auf den Salat geben.

OBSTSALAT

Zubereitungszeit: 30 Minuten
+ Vegan

ZUTATEN FÜR 6 PORTIONEN

je 1 Apfel, kleine Mango, Nektarine, Pfirsich, Orange, Kiwi und Banane
100 g Erdbeeren
3 EL Zitronensaft
1 Pck. Vanillin-Zucker

PRO PORTION:

E: 1 g, F: 1 g, Kh: 20 g, kcal: 97

1. Den Apfel schälen, vierteln und entkernen. Das Mangofruchtfleisch vom Stein schneiden und schälen. Nektarine und Pfirsich abspülen, abtrocknen, halbieren und entsteinen. Das vorbereitete Obst in Stücke schneiden.

2. Die Orange so schälen, dass die weiße Haut mit entfernt wird, dann mit einem scharfen Messer die Filets herausschneiden.

3. Kiwi und Banane schälen, beides in Scheiben schneiden. Die Erdbeeren abspülen, abtropfen lassen, entstielen und in Stücke schneiden.

4. Das Obst in einer Schüssel mit Zitronensaft und Vanillin-Zucker vermengen. Den Obstsalat in eine Schüssel geben, bis zum Servieren abgedeckt in den Kühlschrank stellen und innerhalb von 24 Stunden verzehren.

TIPPS:

Der Obstsalat lässt sich beliebig je nach Saison abwandeln. Sie benötigen insgesamt etwa 1 kg Obst. Für eine knackige Garnitur 50 g gehobelte Mandeln in einer Pfanne ohne Fett unter Wenden goldbraun rösten und erkalten lassen. Den Obstsalat damit bestreuen.
Den Obstsalat mit abgespülten, trocken getupften Minzeblättern garniert servieren.

OKTOPUSSALAT

Zubereitungszeit: 35 Minuten
Garzeit: 90–120 Minuten

ZUTATEN FÜR 4 PORTIONEN

1 küchenfertiger Oktopus (Tintenfisch; etwa 1,2 kg)
1 TL Fenchelsamen
1 Lorbeerblatt
Salz
500 g Kartoffeln
4 Schalotten
1 Knoblauchzehe
4 große Tomaten (etwa 250 g)
1 Bund glatte Petersilie
1 Bund Koriander

FÜR DAS DRESSING:

etwa 3 EL Zitronensaft
feines Meersalz
gem. Pfeffer
6 EL Olivenöl

PRO PORTION:

E: 41 g, F: 17 g, Kh: 23 g, kcal: 421

1. Den Oktopus mit Küchenpapier abtupfen. In einem großen Topf mit Wasser, Fenchel und Lorbeer zum Kochen bringen. Etwas Salz dazugeben und den Oktopus zugedeckt bei schwacher Hitze in etwa 90 Minuten weich kochen. Mit einem Holzspieß in die dickste Stelle des Oktopus stechen, um zu prüfen, ob er weich ist. Evtl. noch etwa 30 Minuten weitergaren.

2. In der Zwischenzeit die Kartoffeln schälen, abspülen, abtropfen lassen, in grobe Würfel schneiden und in kochendem Salzwasser in etwa 20 Minuten gar kochen. Abgießen, abdämpfen und erkalten lassen.

3. Den Oktopus aus dem Fond nehmen und abkühlen lassen. Dann die Haut abziehen und die Fangarme in etwa 1 cm lange Stücke schneiden.

4. Schalotten und Knoblauch abziehen, beides klein würfeln. Die Tomaten abspülen, abtrocknen, vierteln und entkernen. Die Tomatenviertel in grobe Würfel schneiden. Petersilie und Koriander abspülen und trocken tupfen, die Blätter von den Stängeln abzupfen und nach Sorte getrennt klein schneiden.

5. Für das Dressing den Zitronensaft mit etwas Meersalz und Pfeffer verrühren, dann das Olivenöl gut unterschlagen.

6. Die Salatzutaten in einer Schüssel mit dem Dressing mischen. Den Salat mit Meersalz, Pfeffer und Zitronensaft abschmecken.

TIPP:

Servieren Sie den Salat mit geröstetem Brot.

ORANGEN-DATTEL-SALAT MIT GRANATAPFEL

Zubereitungszeit: 45 Minuten
+ Vegetarisch

ZUTATEN FÜR 4 PORTIONEN

5 Orangen (etwa 1 kg)
100 g getrocknete Datteln, ohne Stein
1 Granatapfel (etwa 330 g)
40 g Walnusskerne
Salz
1–2 EL Zitronensaft
Cayennepfeffer
gem. Zimt
1–2 TL Honig
4 EL Nuss- oder Distelöl
200 g Burrata

PRO PORTION:

E: 14 g, F: 29 g, Kh: 51 g, kcal: 529

1. Die Orangen so schälen, dass auch die weiße Haut mit entfernt wird. Die Fruchtfilets zwischen den Trennhäuten herausschneiden, dabei den abtropfenden Saft auffangen. Die Datteln der Länge nach in feine Streifen schneiden und zum aufgefangenen Orangensaft geben.

2. Den Granatapfel quer durchschneiden und die Kerne aus der Schale lösen, dabei alle weißen Trennhäute entfernen. Die Granatapfelkerne zu den Dattelstreifen geben.

3. Die Walnusskerne in Scheiben schneiden oder in grobe Stücke brechen, dann in einer Pfanne ohne Fett bei schwacher Hitze unter Wenden leicht rösten.

4. Für das Dressing Orangenspalten, Dattelstreifen und Granatapfelkerne in einem Sieb abtropfen lassen, dabei den Saft auffangen. 100 ml aufgefangenen Saft mit Salz, Zitronensaft, 1 Prise Cayennepfeffer, 1 Prise Zimt, Honig und Nuss- oder Distelöl verrühren.

5. Orangenspalten, Dattelstreifen und Granatapfelkerne auf Teller verteilen. Mit dem Dressing beträufeln und mit den Walnusskernen bestreuen. Die Burrata in grobe Stücke teilen, auf die Teller geben und mit etwas Zimt bestreuen.

TIPP:

Anstelle von Burrata können Sie auch von 200 g Schmand Nocken abstechen, diese auf dem Salat verteilen und mit etwas Zimt bestreuen.

ORIENTALISCHE SALAD BOWL

Zubereitungszeit: 25 Minuten
Garzeit: 15 Minuten
+ Vegan

ZUTATEN FÜR 4 PORTIONEN

1 kleiner Blumenkohl (etwa 500 g)
Salz
1 TL Instant-Gemüsebrühe
530 g abgetropfte Kichererbsen (aus der Dose)
1–2 Knoblauchzehen
etwa 4 EL Zitronensaft
1 geh. EL Tahina (Sesampaste; aus dem Glas)
gem. Pfeffer
evtl. Cayennepfeffer
2 mittelgroße Möhren
etwa 250 ml Speiseöl zum Frittieren
3–4 TL Tandoori-Gewürzmischung (z. B. aus dem orientalischen Lebensmittelladen)
1 große oder 2 kleine reife Avocados
2–3 EL Schnittlauchröllchen (frisch oder TK)

PRO PORTION:

E: 16 g, F: 51 g, Kh: 29 g, kcal: 673

1. Den Blumenkohl putzen, in kleine Röschen teilen, in einem Sieb abspülen und abtropfen lassen. 250 ml Wasser in einem Topf zugedeckt zum Kochen bringen. Den Blumenkohl mit Salz und Brühepulver dazugeben und zugedeckt in 10–15 Minuten bissfest dünsten. Anschließend in einem Sieb abtropfen lassen, dabei das Kochwasser auffangen.

2. Die Kichererbsen in einem Sieb mit kaltem Wasser abspülen und abtropfen lassen. Den Knoblauch abziehen und in grob schneiden. 100 g Kichererbsen, Knoblauch, gut 200 ml aufgefangenes Blumenkohlkochwasser, 2 EL Zitronensaft und Tahina in einem Mixer zu einem cremigen Dressing pürieren.

3. Das Kichererbsendressing in eine Schüssel geben, mit Salz, Pfeffer, evtl. noch etwas Zitronensaft und nach Belieben mit etwas Cayennepfeffer abschmecken.

4. Die Möhren putzen, schälen und mit einem Gemüsehobel in längliche Streifen schneiden. Blumenkohlröschen und Möhrenstreifen unter das Dressing mischen.

5. Das Speiseöl zum Frittieren in einer tiefen Pfanne erhitzen. Die übrigen Kichererbsen (430 g) auf Küchenpapier gut abtropfen lassen, dann portionsweise im heißen Öl unter Wenden in 3–4 Minuten knusprig frittieren. Mit einer Schaumkelle herausheben und kurz auf Küchenpapier abtropfen lassen. Dann sofort mit der Tandoori-Gewürzmischung bestreuen.

6. Die Avocado(s) halbieren und entkernen. Das Fruchtfleisch mit einem Esslöffel aus der Schale lösen, dann in Spalten schneiden und mit dem restlichen Zitronensaft (etwa 2 EL) beträufeln.

7. Den Salat in Schalen verteilen. Avocado, frittierte Kichererbsen und Schnittlauchröllchen darauf anrichten.

ORIENTALISCHE SALATPLATTE

Zubereitungszeit: 25 Minuten, ohne Abkühlzeit
Garzeit: 30–40 Minuten
Durchziehzeit: 30 Minuten
+ Vegetarisch

ZUTATEN FÜR 4 PORTIONEN

1 kg kleine junge Rote Beten
1 Lorbeerblatt
Salz
450 ml Gemüsebrühe
150 g Bulgur (grobe Weizengrütze)
3 EL Zitronensaft
1 TL flüssiger Honig
gem. Pfeffer
2 EL Nussöl, z. B. Walnussöl
1 Frühlingszwiebel
240 g abgetropfte Kichererbsen (aus der Dose)
2 EL grob gehackte Walnusskerne
¼ Granatapfel
1 EL geschälte Sesamsamen

FÜR DEN DIP:

1 Bund Schnittlauch
3–4 Stängel Minze
500 g Joghurt (1,5 % Fett)
einige Tropfen flüssiger Honig
Salz, gem. Pfeffer
1 Knoblauchzehe

PRO PORTION:

E: 18 g, F: 16 g, Kh: 67 g, kcal: 495

1. Die Roten Beten unter fließendem Wasser abbürsten, mit Lorbeerblatt und 1 EL Salz in einen Topf geben. Mit Wasser bedecken, zugedeckt zum Kochen bringen und 30–40 Minuten garen. Die Brühe aufkochen, den Bulgur einrühren und bei schwacher Hitze 8–10 Minuten ausquellen lassen. In einem Sieb abtropfen und erkalten lassen.

2. Zitronensaft, Honig, Salz, Pfeffer und Nussöl zu einem Dressing verquirlen. Die Frühlingszwiebel putzen, abspülen, abtropfen lassen und in Scheiben schneiden. Die Roten Beten abgießen, kurz abkühlen lassen, noch warm schälen (Einweghandschuhe verwenden, da sie färben) und in Spalten schneiden. Mit Dressing und Frühlingszwiebeln mischen. Die Kichererbsen in einem Sieb abspülen, abtropfen lassen und untermischen. 30 Minuten durchziehen lassen.

3. In der Zwischenzeit die Walnüsse in einer Pfanne ohne Fett unter Wenden rösten, bis sie duften. Dann auf einem Teller abkühlen lassen. Aus dem Granatapfel die Kerne mithilfe einer Gabel herauslösen. Die Salatzutaten auf einer Platte anrichten, mit Sesam und Nüssen bestreuen.

4. Für den Dip Schnittlauch und Minze abspülen und trocken tupfen. Die Minzeblätter abzupfen und fein schneiden. Den Schnittlauch in Röllchen schneiden. Joghurt, Honig sowie etwas Salz und Pfeffer verrühren. Den Knoblauch abziehen und dazupressen. Die Kräuter unterrühren. Den Dip mit Salz und Pfeffer abschmecken. Zur Salatplatte reichen. Dazu passt Fladenbrot.

PASTASALAT MIT SAUBOHNEN

Zubereitungszeit: 30 Minuten
Durchziehzeit: 10–15 Minuten
+ Vegan

ZUTATEN FÜR 4 PORTIONEN

500 g Saubohnenkerne (frisch oder TK)
Salz
250 g Spaghetti

FÜR DAS DRESSING:

4 Schalotten
4 EL Olivenöl
etwa 10 Salbeiblätter
1 Knoblauchzehe
1 Bio-Zitrone
gem. Pfeffer
Zucker

PRO PORTION:

E: 17 g, F: 12 g, Kh: 62 g, kcal: 439

1. Die Bohnen in kochendem Salzwasser etwa 5 Minuten garen. Die Bohnen in ein Sieb abgießen und mit kaltem Wasser abschrecken. Die Kerne aus den Häutchen drücken.

2. In der Zwischenzeit die Nudeln in kochendem Salzwasser nach Packungsanleitung bissfest garen. Die Nudeln in ein Sieb abgießen, dabei das Kochwasser auffangen und beiseitestellen. Die Nudeln mit kaltem Wasser abspülen und abtropfen lassen.

3. Für das Dressing die Schalotten abziehen und in feine Würfel schneiden. Das Olivenöl in einer Pfanne erhitzen und die Schalottenwürfel darin in 4–5 Minuten glasig dünsten.

4. In der Zwischenzeit die Salbeiblätter abspülen, trocken tupfen und in Streifen schneiden. Den Knoblauch abziehen und durch eine Knoblauchpresse drücken. Die Zitrone heiß abwaschen und abtrocknen. Die Zitronenschale fein abreiben und den Saft auspressen.

5. Salbei und Knoblauch zu den Schalotten in die Pfanne geben und 1–2 Minuten mit andünsten. Alles mit Zitronensaft und 2–3 EL aufgefangenem Nudelkochwasser ablöschen. Das Dressing mit Salz, Pfeffer und 1 Prise Zucker abschmecken.

6. Saubohnen und Zitronenschale in die Pfanne geben und mit dem Dressing vermischen.

7. Die noch warme Bohnenmischung in einer Schüssel mit den Nudeln mischen. Den Salat 10–15 Minuten durchziehen lassen. Dann nochmals mit Salz, Pfeffer und Zucker abschmecken.

TIPP:

Dekorieren Sie den Salat mit einigen abgespülten und trocken getupften ganzen Salbeiblättern. Wer mag, bestreut den Pastasalat noch mit ein paar gerösteten, gesalzenen Cashewkernen.

PASTINAKENSALAT

Zubereitungszeit: 35 Minuten
Durchziehzeit: 30 Minuten
+ Vegetarisch

ZUTATEN FÜR 4 PORTIONEN

500 g Pastinaken
6 EL Rapsöl
150 g Staudensellerie
Salz
250 g Ringelbeten oder Gelbe Beten
20 g Dill
3–4 EL Balsamico bianco
50 g Preiselbeeren (aus dem Glas)
gem. Pfeffer
125 g Mini-Mozzarella
1 EL schwarze Sesamsamen

PRO PORTION:

E: 10 g, F: 24 g, Kh: 23 g, kcal: 350

1. Die Pastinaken putzen, schälen, abspülen, evtl. der Länge nach halbieren, dann quer in dünne Scheiben schneiden. 3 EL Rapsöl in einem Topf erhitzen. Die Pastinakenscheiben und 5 EL Wasser dazugeben. Die Pastinaken zugedeckt 5 Minuten bei mittlerer Hitze dünsten.

2. Inzwischen den Staudensellerie putzen, abspülen, die Blätter beiseitelegen und die Fäden von den Stangen abziehen. Die Stangen quer in dünne Scheiben schneiden. Die Pastinaken mit dem Garsud in eine Schüssel geben und mit Salz würzen. Den Staudensellerie unterheben.

3. Die Ringelbeten oder Gelben Beten schälen und abspülen. Große Knollen der Länge nach halbieren. Dann die Beten mit einem Gemüsehobel quer in dünne Scheiben schneiden. Die Scheiben zum übrigen Gemüse in die Schüssel geben.

4. Den Dill abspülen, trocken schütteln und in kleine Zweige zupfen. 3 EL Balsamico, Preiselbeeren, Salz, Pfeffer und das übrige Öl (3 EL) verrühren, die Mischung mit dem Dill unter das Gemüse heben. Den Salat 30 Minuten durchziehen lassen.

5. Den Salat mit Salz, Pfeffer und Balsamico bianco abschmecken. Den Mozzarella abtropfen lassen. Die Kugeln jeweils halbieren und auf dem Salat anrichten. Die Hälfte der beiseitegelegten Sellerieblätter in feine Streifen schneiden und mit dem Sesam auf den Salat streuen. Mit den übrigen Sellerieblättern garnieren.

TIPP:

Anstelle von Ringelbeten oder Gelben Beten können Sie rohe, geschälte Topinambur verwenden.

PFLÜCKSALAT MIT HÄHNCHENBRUST

Zubereitungszeit: 45 Minuten

ZUTATEN FÜR 4 PORTIONEN

½ Butternut-Kürbis (etwa 400 g)
etwa 5 Stängel Zitronenthymian
½ EL Olivenöl
½ TL Chiliflocken
Salz, gem. weißer Pfeffer
1 Mango
160 g gebratene Hähnchenbrust (ohne Haut)
1 reife Hass-Avocado (etwa 200 g)
4 kleine Rote Beten (vorgegart, vakuumverpackt)
8 Rispen Rote Johannisbeeren
1 Möhre
200 g Baby-Leaf-Pflücksalat
(Blattsalat-Mix; aus dem Kühlregal)
4 EL Granatapfelkerne

FÜR DAS DRESSING:

1 EL Apfelessig
½–1 EL flüssiger Wildblütenhonig
3 EL Leinöl
Salz, gem. Pfeffer

PRO PORTION:

E: 15 g, F: 19 g, Kh: 28 g, kcal: 345

1. Die Kürbishälfte nochmals halbieren. Die Kerne und Fasern mit einem Löffel herauslösen, den Stielansatz entfernen. Den Kürbis schälen und in etwa 1 cm dicke Scheiben schneiden. Den Thymian abspülen und trocken tupfen, die Blättchen abzupfen.

2. Das Öl in einer Pfanne erhitzen. Die Kürbisscheiben darin bei mittlerer Hitze unter mehrmaligem Wenden etwa 12 Minuten braten. Zum Ende der Garzeit Chiliflocken und Thymian dazugeben und mitbraten. Mit Salz und Pfeffer würzen.

3. Von der Mango das Fruchtfleisch vom Stein schneiden und schälen. Hähnchenbrust und Mango in Würfel schneiden. Die Avocado halbieren und den Kern entfernen. Das Fruchtfleisch mit einem Esslöffel aus der Schale lösen und in etwa 1 cm dicke Scheiben schneiden.

4. Die Roten Beten in Spalten schneiden. Die Johannisbeeren abspülen und trocken tupfen, die Beeren von den Stielen streifen. Die Möhre putzen, schälen, abspülen, abtropfen lassen und in sehr dünne Scheiben hobeln.

5. Den Pflücksalat abspülen, trocken schleudern und in eine große Schüssel geben. Vorbereitete Salatzutaten und Granatapfelkerne dazugeben, mit Salz und Pfeffer bestreuen.

6. Für das Dressing Essig und Honig verquirlen, das Leinöl unterschlagen. Das Dressing mit Salz und Pfeffer würzen und auf die Salatzutaten geben. Alles vorsichtig mischen und servieren.

QUINOA-FRISÉE-SALAT

Zubereitungszeit: 30 Minuten
+ Vegan

ZUTATEN FÜR 4 PORTIONEN

200 g Quinoa
400 ml Gemüsebrühe
5–6 EL Limettensaft
Salz, gem. Pfeffer
½–1 TL Harissa (afrikanische Gewürzpaste)
1 kleiner Friséesalat
1 Salatgurke
150 g abgetropfte Artischockenherzen, in Öl (aus dem Glas)
2 EL Olivenöl
1 Prise Vollrohrzucker

PRO PORTION:

E: 9 g, F: 14 g, Kh: 35 g, kcal: 305

1. Die Quinoa mit der Gemüsebrühe nach Packungsanleitung in einem Topf zubereiten. Anschließend in eine Schüssel geben.

2. Etwa 3 EL Limettensaft mit Salz, Pfeffer und ¼–½ TL Harissa glatt rühren. Die Limettensaftmischung zur Quinoa geben und alles gut vermischen. Zum Abkühlen beiseitestellen.

3. Inzwischen den Friséesalat putzen, in einzelne Blätter teilen, abspülen und abtropfen lassen oder in einer Salatschleuder trocken schleudern. Die Salatblätter in mundgerechte Stücke zupfen.

4. Die Gurke abspülen, abtrocknen und die Enden abschneiden. Die Gurke nach Belieben schälen. Dann die Gurke der Länge nach halbieren und die Kerne mit einem Löffel herausschaben. Die Gurkenhälften quer in dünne Scheiben schneiden. Die Artischockenherzen quer halbieren.

5. Für das Dressing Olivenöl, restlichen Limettensaft (2–3 EL) und übriges Harissa (¼–½ TL) in einer Schüssel glatt verrühren. Das Dressing mit Salz, Pfeffer und Zucker abschmecken.

6. Den Blattsalat mit Quinoa, Gurkenscheiben und Artischockenherzen auf Tellern anrichten und mit der Harissasauce beträufeln.

TIPPS:

Quinoa wird auch Inkakorn genannt und stammt aus Südamerika. Es hat einen leicht nussigen Geschmack und kann sowohl süß als auch salzig zubereitet werden. Es enthält im Gegensatz zu Getreide kein Gluten.
Wenn Sie Quinoa nicht mögen oder vertragen, können Sie den Salat auch mit der gleichen Menge Hirse zubereiten, die ebenfalls glutenfrei ist.

RADICCHIOSALAT MIT LINSEN UND APRIKOSEN

◷ Zubereitungszeit: 40 Minuten
+ Vegan

ZUTATEN FÜR 4 PORTIONEN

FÜR DIE SALATMISCHUNG:

150 g rote Linsen
½ Radicchio (etwa 170 g)
100 g Frühlingszwiebeln
400 g reife Aprikosen oder Nektarinen

FÜR DAS DRESSING:

50 g weiche Datteln, ohne Stein (z. B. Soft-Datteln)
2–3 EL Zitronensaft
5 EL Olivenöl
Salz
gem. Pfeffer

PRO PORTION:

E: 11 g, F: 14 g, Kh: 36 g, kcal: 316

1. Für die Salatmischung die Linsen in einem Sieb abspülen und abtropfen lassen. Anschließend in einem Topf mit kaltem Wasser bedecken, aufkochen und etwa 7 Minuten bei schwacher Hitze köcheln lassen. Linsen mit kaltem Wasser abspülen und in einem Sieb abtropfen lassen.

2. Den Radicchio putzen, abspülen und in einzelne Blätter teilen. Die Blätter in mundgerechte Stücke zupfen. Die Frühlingszwiebeln putzen, abspülen und quer in dünne Scheiben schneiden. Die Aprikosen abspülen, halbieren und entsteinen. Die Hälften längs durchschneiden.

3. Für das Dressing die Datteln klein schneiden. Die Datteln mit 3 EL Wasser, Zitronensaft und Olivenöl in einem hohen Rührbecher mit einem Stabmixer fein pürieren. Das Dressing mit Salz und Pfeffer abschmecken.

4. Linsen, Aprikosen und Frühlingszwiebeln mit dem Dressing mischen. Die Linsenmischung mit den Radicchiostücken auf einer Platte oder Tellern anrichten.

TIPPS:

Die Aprikosen oder Nektarinen können Sie durch abgetropfte Aprikosenhälften aus der Dose ersetzen, die im Gegensatz zu frischen Früchten ganzjährig erhältlich sind.
Als extra Zugabe eignet sich gebratene, in Scheiben geschnittene Hähnchenbrust.

RADIESCHENSALAT MIT FALAFEL

- Zubereitungszeit: 40 Minuten
  Einweichzeit: 12 Stunden
- + Vegetarisch

ZUTATEN FÜR 2–4 PORTIONEN

FÜR DIE FALAFELN:

50 g getrocknete Kichererbsen
1 Frühlingszwiebel
je 1 Stängel Minze, Dill, glatte Petersilie und Koriander
50 g abgetropfte weiße Bohnen (aus der Dose)
Salz
gem. Pfeffer
½ gestr. TL gem. Kreuzkümmel (Cumin)
½ gestr. TL Backpulver
10 g Sesamsamen, ungeschält
etwa 1 l Speiseöl, z. B. Sonnenblumenöl

FÜR DEN JOGHURT-DIP UND DEN SALAT:

125 g Sahnejoghurt (10 % Fett)
½ gestr. TL gem. Kreuzkümmel (Cumin)
Salz
250 g Cocktailtomaten
120 g Radieschen
1 EL Zitronensaft
1 ½ EL Olivenöl
Salz
gem. Pfeffer

PRO PORTION:

E: 7 g, F: 18 g, Kh: 15 g, kcal: 251

1. Für die Falafeln die Kichererbsen etwa 12 Stunden in kaltem Wasser einweichen. Anschließend in einem Sieb gut abtropfen lassen.

2. Die Frühlingszwiebel putzen, abspülen und abtropfen lassen. Eine Hälfte in feine Scheiben schneiden. Die zweite Hälfte beiseitelegen.

3. Alle Kräuter abspülen und trocken tupfen. Von jedem Stängel ein Drittel abschneiden, jeweils die Blätter bzw. Spitzen davon abzupfen und grob schneiden. Die restlichen Kräuter beiseitelegen.

4. Die Bohnen in einem Sieb mit kaltem Wasser abspülen und sehr gut abtropfen lassen. Bohnen, Kichererbsen, Frühlingszwiebelscheiben, geschnittene Kräuter sowie etwas Salz, Pfeffer und Kreuzkümmel in einem Rührbecher mit einem Stabmixer sehr fein pürieren.

5. Das Backpulver in 1 TL Wasser auflösen und mit den Händen unter das Bohnenpüree arbeiten. Aus der Masse 6 gleich große, glatte Kugeln formen. Jeweils eine Kugelseite fest in den Sesam drücken.

6. Das Speiseöl in einem Topf auf etwa 175 °C erhitzen. Die Falafeln darin in 2–3 Portionen in jeweils 4–5 Minuten goldbraun backen. Mit einer Schaumkelle herausnehmen, auf Küchenpapier abtropfen und erkalten lassen.

7. Für den Dip den Joghurt mit Kreuzkümmel und etwas Salz verrühren. Die beiseitegelegte Frühlingszwiebelhälfte in sehr feine Scheiben schneiden. Die Tomaten abspülen und abtrocknen, evtl. die Stängelansätze herausschneiden. Die Radieschen putzen, abspülen und abtropfen lassen. Radieschen und Tomaten klein schneiden. Von den beiseitegelegten Kräutern die Blätter und Spitzen abzupfen, evtl. kleiner schneiden.

8. Tomaten, Radieschen, Frühlingszwiebeln und Kräuter in einer Schüssel mit Zitronensaft und Olivenöl mischen. Den Salat mit Salz und Pfeffer würzen und portionsweise mit Falafeln anrichten. Den Dip dazu reichen.

REIS-BOHNEN-SALAT MIT CABANOSSI

Zubereitungszeit: 35 Minuten, ohne Abkühlzeit
Garzeit: 20 Minuten
Durchziehzeit: 2 Stunden

ZUTATEN FÜR 4 PORTIONEN

FÜR DIE SALATMISCHUNG:

125 g Langkornreis
Salz
200 g Knabber-Cabanossi
1 gelbe Paprikaschote
1 Stange Staudensellerie
125 g abgetropfter Gemüsemais (aus der Dose)
175 g abgetropfte Kidneybohnen (aus der Dose)

FÜR DIE MARINADE:

50 ml Weißweinessig
1 EL Tomatenketchup
1 TL milder Senf
1 Knoblauchzehe
50 ml Olivenöl
Salz, gem. Pfeffer
1 Prise Zucker

PRO PORTION:

E: 14 g, F: 28 g, Kh: 38 g, kcal: 463

1. Den Reis in kochendem Salzwasser nach Packungsanleitung garen. In ein Sieb abgießen, abtropfen und erkalten lassen.

2. In der Zwischenzeit die Cabanossi in dünne Scheiben schneiden. Die Paprikaschote halbieren, entstielen, entkernen und die weißen Scheidewände entfernen. Die Schotenhälften in kleine Würfel schneiden. Den Staudensellerie putzen, abspülen, gut abtropfen lassen und in dünne Scheiben schneiden. Das Selleriegrün für die Garnitur beiseitelegen.

3. Mais und Kidneybohnen in einem Sieb mit kaltem Wasser abspülen und abtropfen lassen. Dann mit Reis, Cabanossi, Paprika und Selleriescheiben in einer großen Schüssel mischen.

4. Für die Marinade den Essig mit Ketchup und Senf verrühren. Den Knoblauch abziehen und durch eine Knoblauchpresse dazudrücken. Das Olivenöl unterschlagen. Die Marinade mit Salz, Pfeffer und Zucker würzen.

5. Die Marinade zur Salatmischung geben und alles gut vermengen. Den Salat zugedeckt mindestens 2 Stunden durchziehen lassen.

6. Den Salat nochmals durchmischen, mit Salz und Pfeffer abschmecken. Beiseitegelegtes Selleriegrün grob zerkleinern. Den Salat vor dem Servieren mit dem Selleriegrün garnieren.

TIPP:

Der Salat kann schon am Vortag bis einschließlich Punkt 5 zubereitet werden und zugedeckt im Kühlschrank durchziehen.

REIS-CHAMPIGNON-SALAT

Zubereitungszeit: 50 Minuten, ohne Abkühlzeit
Garzeit: 30 Minuten
Durchziehzeit: 60 Minuten
+ Vegetarisch

ZUTATEN FÜR 4 PORTIONEN

200 g Langkorn-Naturreis oder weißer Langkornreis
etwa 400 ml Gemüsebrühe
4 Frühlingszwiebeln
200 g Joghurt (1,5 % Fett)
100 g Joghurt-Salatcreme (15 % Fett)
Salz, gem. Pfeffer
1 Prise Vollrohrzucker
½ gestr. TL Cayennepfeffer
200 g weiße Champignons
2 TL Olivenöl
400 g Möhren
2 gelbe Paprikaschoten (je etwa 200 g)
1 Bund Schnittlauch

PRO PORTION:

E: 11 g, F: 8 g, Kh: 56 g, kcal: 362

1. Den Reis mit der Brühe in einem Topf nach Packungsanleitung (die auf der Packung angegebene Flüssigkeitsmenge verwenden) zubereiten. In ein Sieb abgießen, abtropfen und erkalten lassen.

2. Inzwischen die Frühlingszwiebeln putzen, abspülen, abtropfen lassen und in feine Scheiben schneiden. Den Reis in einer Schüssel mit Gabeln auflockern. Die Frühlingszwiebeln untermischen.

3. Den Joghurt mit der Salatcreme verrühren. Mit Salz, Pfeffer, Zucker und Cayennepfeffer würzen. Die Sauce unter die Reismischung rühren. Den Salat zugedeckt etwa 30 Minuten im Kühlschrank durchziehen lassen.

4. Inzwischen die Champignons putzen, evtl. kurz abspülen und trocken tupfen. Dann je nach Größe halbieren oder in Scheiben schneiden. Das Olivenöl in einer Pfanne erhitzen und die Pilze darin unter gelegentlichem Rühren 2–3 Minuten andünsten, mit Salz und Pfeffer würzen. Aus der Pfanne nehmen und erkalten lassen.

5. Die Möhren putzen, schälen, abspülen, abtropfen lassen und in dünne Stifte schneiden. Die Paprikaschoten halbieren, entstielen, entkernen und die weißen Scheidewände entfernen. Die Schotenhälften abspülen, abtropfen lassen und klein würfeln.

6. Den Schnittlauch abspülen, trocken tupfen und in Röllchen schneiden. Champignons, Möhren, Paprika und Schnittlauch unter die Reismischung heben. Den Salat zugedeckt etwa 30 Minuten im Kühlschrank durchziehen lassen.

TIPP:

Der Salat lässt sich gut vorbereiten und eignet sich zum Mitnehmen.

REISSALAT MIT GEMÜSE UND SCHAFSKÄSE

Zubereitungszeit: 20 Minuten
Garzeit: 20 Minuten
Durchziehzeit: 3 Stunden
+ Vegetarisch

ZUTATEN FÜR 6 PORTIONEN

FÜR DEN SALAT:

500 ml Gemüsebrühe
250 g Reismischung (85 % Parboiled Langkorn, 15 % Wildreis)
165 g abgetropfter Gemüsemais (aus der Dose)
140 g abgetropfte Erbsen (aus der Dose)
1 rote Paprikaschote (etwa 160 g)
2–3 Frühlingszwiebeln

FÜR DAS DRESSING:

1 gestr. TL Sambal Oelek
1 gestr. TL Salz
1 gestr. TL Paprikapulver edelsüß
2 EL Weißweinessig
3 EL Olivenöl
50 g Tomatenmark
60 g Schlagsahne (mind. 30 % Fett)

ZUM SERVIEREN:

125 g Fetakäse

PRO PORTION:

E: 10 g, F: 14 g, Kh: 43 g, kcal: 33

1. Für den Salat die Brühe in einem Topf zum Kochen bringen, den Reis hinzufügen und nach Packungsanleitung ausquellen lassen (etwa 20 Minuten). In einem Sieb mit kaltem Wasser abschrecken und gut abtropfen lassen. Dann mit Mais und Erbsen in eine große Schüssel geben.

2. Die Paprikaschote halbieren, entstielen, entkernen und die weißen Scheidewände entfernen. Die Schotenhälften abspülen, abtropfen lassen und in Würfel schneiden. Die Frühlingszwiebeln putzen, abspülen, abtropfen lassen und schräg in Scheiben schneiden. Paprikawürfel und Frühlingszwiebelscheiben unter den Reis mischen.

3. Für das Dressing Sambal Oelek, Salz, Paprikapulver und Essig verrühren. Das Öl unterschlagen, Tomatenmark und Sahne unterrühren. Das Dressing unter die Reismischung mengen. Den Salat nochmals abschmecken und zugedeckt etwa 3 Stunden im Kühlschrank durchziehen lassen.

4. Zum Servieren den Fetakäse würfeln. Einen Teil der Schafskäsewürfel unter den Salat heben. Die restlichen Fetakäsewürfel darauf verteilen.

REZEPTVARIANTE:

Für **schwedischen Reissalat** 150 g Langkornreis nach Packungsanleitung zubereiten. 3 küchenfertige Hähnchenbrustfilets mit Salz und Pfeffer würzen. 1 EL Olivenöl in einer Pfanne erhitzen und das Fleisch darin rundherum anbraten, dann bei mittlerer Hitze etwa 10 Minuten garen. Aus der Pfanne nehmen und abkühlen lassen. Reis in einem Sieb gut abtropfen und abkühlen lassen. 1 Grapefruit so schälen, dass die weiße Haut mit entfernt wird. Die Fruchtfilets zwischen den Trennhäuten herausschneiden, dabei den Saft auffangen. Grapefruit in Stücke schneiden. 1 TL abgetropfte grüne Pfefferkörner (in Lake) fein hacken. Mit 2 EL Himbeeressig, Salz, etwas Chilipulver, 5 EL Grapefruitsaft und 2 EL Olivenöl verrühren. Fleisch klein schneiden, mit Reis, Grapefruit und Marinade mischen. Mit 2 EL Grapefruitsaft, Chili und Salz abschmecken.

REISSALAT MIT HÄHNCHENSCHENKELN

Zubereitungszeit: 45 Minuten, ohne Abkühlzeit
Garzeit: 40 Minuten

ZUTATEN FÜR 4 PORTIONEN

ZUM VORBEREITEN:

4 Hähnchenunterschenkel (je etwa 125 g)
je 1 TL Currypulver und Paprikapulver edelsüß
Salz, gem. Pfeffer
100 g Langkorn-Naturreis

FÜR DIE VINAIGRETTE:

30 g frischer Ingwer
1–2 Bio-Limetten
1–2 EL Sambal Oelek
50 ml Gemüsebrühe, Salz

FÜR DEN SALAT:

50 g Frühlingszwiebeln
250 g Tomaten
1 rote Paprikaschote
1 Salatgurke
100 g Mangofruchtfleisch
75 g Römersalatherzen
½ Bund Koriander

PRO PORTION:

E: 22 g, F: 12 g, Kh: 32 g, kcal: 333

1. Ein Backblech mit Backpapier belegen. Den Backofen vorheizen.
Ober-/Unterhitze: etwa 200 °C
Heißluft: etwa 180 °C

2. Als Vorbereitung die Hähnchenschenkel mit Küchenpapier abtupfen. Curry, Paprikapulver, Salz und Pfeffer mischen, das Fleisch damit einreiben. Auf dem Blech in den vorgeheizten Ofen (Mitte) schieben. Etwa 40 Minuten garen.

3. Inzwischen den Reis in kochendem Salzwasser nach Packungsanleitung garen. In einem Sieb abtropfen und erkalten lassen.

4. Für die Vinaigrette den Ingwer schälen und fein würfeln. Die Limetten heiß abwaschen und abtrocknen, die Schale fein abreiben und den Saft auspressen. 4 EL Limettensaft mit Ingwer, Limettenschale, Sambal Oelek und Gemüsebrühe verrühren, mit etwas Salz würzen.

5. Für den Salat die Frühlingszwiebeln putzen, abspülen, abtrocknen und in feine Scheiben schneiden. Die Tomaten abspülen, abtrocknen, halbieren und die Stängelansätze herausschneiden. Die Paprikaschote halbieren, entstielen, entkernen und die weißen Scheidewände entfernen. Die Schoten abspülen und abtropfen lassen. Die Gurke schälen, die Enden abschneiden. Die Gurke längs halbieren und entkernen. Tomaten, Paprika und Gurke in kleine Stücke schneiden. Die Mango klein schneiden. Gemüse, Mango und Reis vermischen. Die Vinaigrette untermischen. Den Salat etwa 10 Minuten durchziehen lassen.

6. Inzwischen die Salatherzen putzen, abspülen, trocken tupfen und in feine Streifen schneiden. Den Koriander abspülen und trocken tupfen, die Blätter abzupfen. Beides unter den Reissalat mischen. Mit den Hähnchenschenkeln anrichten.

RÖSTKARTOFFELSALAT MIT PAPRIKA

- Zubereitungszeit: 20 Minuten, ohne Abkühlzeit
  Garzeit: 25 Minuten
- Vegetarisch

ZUTATEN FÜR 4 PORTIONEN

800 g mittelgroße festkochende Kartoffeln
Salz
2 Zwiebeln
2–3 EL Speiseöl zum Braten
etwa 200 ml heiße Gemüsebrühe
4–6 EL Weißweinessig
gem. Pfeffer
1 Prise Cayennepfeffer
2 EL Olivenöl
2 Bund Schnittlauch
je 1 rote und gelbe Paprikaschote
200 g milder Fetakäse
100 g Brunnenkresse

PRO PORTION:

E: 14 g, F: 25 g, Kh: 29 g, kcal: 410

1. Die Kartoffeln gründlich unter fließendem Wasser abbürsten. In einem Topf knapp mit Wasser bedecken, salzen, zugedeckt aufkochen und etwa 25 Minuten garen. Abgießen, kurz mit kaltem Wasser abschrecken und erkalten lassen.

2. Die Zwiebeln abziehen und in feine Ringe schneiden. Die Kartoffeln pellen und in Scheiben oder Spalten schneiden. Das Speiseöl zum Braten in einer großen beschichteten Pfanne erhitzen und die Kartoffeln darin unter Wenden knusprig braten. Die Zwiebelringe dazugeben und alles zusammen kurz braten.

3. Nebenher Brühe, Essig, Salz, Pfeffer, Cayennepfeffer und Olivenöl in einer Salatschüssel gut verquirlen. Die Röstkartoffeln untermischen.

4. Den Schnittlauch abspülen, trocken schütteln und in feine Röllchen schneiden. Die Schnittlauchröllchen unter die Kartoffeln mischen. Den Salat ziehen lassen, währenddessen gelegentlich vorsichtig durchmischen.

5. Inzwischen die Paprikaschote halbieren, entstielen, entkernen und die weißen Scheidewände entfernen. Die Schoten abspülen, abtropfen lassen und in Stücke schneiden. Den Feta grob zerbröckeln. Die Brunnenkresse verlesen, abspülen und trocken schleudern. Grobe Stiele von der Brunnenkresse abschneiden.

6. Feta und Paprika unter den Kartoffelsalat mischen. Den Salat nochmals abschmecken und mit der Brunnenkresse anrichten.

TIPPS:

Die Kartoffeln am besten schon am Vortag garen und dann über Nacht erkalten lassen.
Wer rohe Paprika nicht gut verträgt, kann die Schoten schälen, z. B. mit einem Sparschäler – ohne Haut sind sie leichter verdaulich.

ROTE-BETE-ROHKOST MIT APFEL UND MÖHRE

Zubereitungszeit: 25 Minuten
+ Vegetarisch

ZUTATEN FÜR 4 PORTIONEN

250 g Möhren
500 g Rote Beten
2 Äpfel (z. B. Elstar; je 150 g)
Salz
1–2 EL Zitronensaft
2 TL Honig
3 EL Raps- oder Distelöl
30 g Sonnenblumenkerne
15 g Kerbel, Koriander oder Petersilie

PRO PORTION:

E: 5 g, F: 10 g, Kh: 28 g, kcal: 221

1. Möhren und Rote Beten schälen, abspülen und mit einer Küchenreibe grob raspeln oder in feine Streifen hobeln. Die Äpfel abspülen und abtrocknen. Das Fruchtfleisch mit der Küchenreibe rund um das Kerngehäuse grob raspeln.

2. Möhren, Rote Beten, etwas Salz, 1 EL Zitronensaft, Honig und Öl zu den Äpfeln geben und alles gut vermengen. 15 Minuten durchziehen lassen.

3. Inzwischen die Sonnenblumenkerne in einer Pfanne ohne Fett goldbraun rösten, dann auf einem Teller erkalten lassen. Kerbel, Koriander oder Petersilie abspülen und trocken schütteln, die Blätter abzupfen.

4. Die Rote-Bete-Rohkost mit Salz und Zitronensaft abschmecken, etwa zwei Drittel der Kräuterblätter unterheben. Mit Sonnenblumenkernen und übrigen Kräuterblättern bestreuen.

TIPP:

Die Rohkost passt zu paniertem Fisch, Schnitzeln oder gebratenem Halloumi.

ROTE-BETE-SALAT MIT WALNÜSSEN

Zubereitungszeit: 25 Minuten
Durchziehzeit: 20 Minuten
+ Vegetarisch

ZUTATEN FÜR 4 PORTIONEN

6 EL Olivenöl
75 g Walnusskernhälften
800 g Rote Beten (vorgegart, vakuumverpackt)
4 EL Zitronensaft
1 EL Kreuzkümmel (Cumin)
1 TL Chiliflakes
Salz
1 kleiner Granatapfel
20 Minzeblätter
150 g Fetakäse

PRO PORTION:

E: 12 g, F: 36 g, Kh: 24 g, kcal: 483

1. In einer Pfanne 1 EL Olivenöl erhitzen und die Walnüsse darin unter Wenden goldbraun rösten. Herausnehmen und auf einem Teller erkalten lassen, dann grob hacken.

2. Die Roten Beten in dünne Spalten schneiden und in eine Schüssel geben. Zitronensaft, restliches Olivenöl (5 EL), Kreuzkümmel und Chiliflakes untermischen, mit Salz würzen. Etwa 20 Minuten durchziehen lassen.

3. Den Granatapfel quer halbieren und die Kerne herauslösen, dabei alle weißen Trennhäute entfernen. Die Minzeblätter abspülen, trocken tupfen und grob schneiden. Den Fetakäse mit den Fingern grob zerbröckeln.

4. Den Rote-Bete-Salat zum Servieren mit Walnusskernhälften, Feta, Granatapfelkernen und Minze bestreuen.

TIPP:

Dazu passt geröstetes Fladenbrot.

ROTER-REIS-SALAT

- Zubereitungszeit: 60 Minuten, ohne Abkühlzeit
  Garzeit: 20–25 Minuten
- Vegan

ZUTATEN FÜR 2 PORTIONEN

60 g Camargue-Reis (roter Reis)
Salz
1 Aubergine (etwa 450 g)
1 TL Paprikapulver rosenscharf
6 große Mangoldblätter (etwa 450 g)
80 g abgetropfte Kichererbsen (aus der Dose)
30 g grüne Oliven, ohne Stein
½ TL Fenchelsamen
20 g abgetropfte Kapern (aus dem Glas)
3 EL Zitronensaft
300 ml Gemüsebrühe
3 Stängel glatte Petersilie
2 EL Olivenöl
gem. Pfeffer

PRO PORTION:

E: 13 g, F: 15 g, Kh: 37 g, kcal: 345

1. Den Reis in kochendem Salzwasser nach Packungsanleitung zubereiten. In ein Sieb abgießen, gut abtropfen und erkalten lassen.

2. In der Zwischenzeit ein Backblech mit Backpapier belegen. Den Backofen vorheizen.
Ober-/Unterhitze: etwa 200 °C
Heißluft: etwa 180 °C

3. Die Aubergine abspülen, abtrocknen und den Stängelansatz entfernen. Die Aubergine schälen und in etwa 2 cm große Würfel schneiden. Auf das Blech geben, mit Salz und Paprikapulver mischen. In den vorgeheizten Ofen (Mitte) schieben und in 20–25 Minuten weich garen. Etwas abkühlen lassen, dann in einem hohen Rührbecher mit einem Stabmixer fein pürieren. Erkalten lassen.

4. Den Mangold putzen, abspülen, abtropfen lassen und die Stiele keilförmig aus den Blättern schneiden. Die Blätter in kochendem Salzwasser etwa 1 Minute blanchieren, dann mit kaltem Wasser abschrecken und gut abtropfen lassen. Die Hälfte der Mangoldstiele (restliche Mangoldstiele anderweitig verwenden) in etwa ½ cm breite Streifen schneiden. Die Kichererbsen in einem Sieb mit kaltem Wasser abspülen und gut abtropfen lassen. Die Oliven klein schneiden.

5. Die Mangoldstiele mit Fenchel und etwas Salz in einer großen Pfanne ohne Fett bei starker Hitze kurz andünsten. Kapern, Oliven, Zitronensaft und Brühe dazugeben. Alles etwa 3 Minuten kochen lassen, dann von der Kochstelle nehmen.

6. Die Petersilie abspülen und trocken tupfen, die Blätter von den Stängeln zupfen und grob schneiden. Petersilie, Reis, Kichererbsen und Olivenöl ebenfalls in die Pfanne geben und untermischen. Mit Salz und Pfeffer würzen.

7. Die Mangoldblätter vorsichtig trocken tupfen. Auf jedes Mangoldblatt etwas Auberginenpüree geben. Die Blätter dann zu Päckchen aufrollen. Erst den Reissalat auf Tellern verteilen, dann die Mangoldpäckchen darauf anrichten.

ROTKOHL-ORANGEN-SALAT

◷ Zubereitungszeit: 30 Minuten
+ Vegetarisch

ZUTATEN FÜR 4 PORTIONEN

1 kleiner Rotkohl (etwa 600 g)
2 Orangen (etwa 300 g)

FÜR DAS DRESSING:

1 Banane (etwa 150 g)
300 g Joghurt (1,5 % Fett)
1 EL Nussöl, z. B. Walnussöl
2 EL Schnittlauchröllchen
Salz
gem. Pfeffer

ZUM BESTREUEN:

15 g Pinienkerne

PRO PORTION:

E: 6 g, F: 6 g, Kh: 17 g, kcal: 154

1. Vom Rotkohl die äußeren Blätter entfernen. Den Rotkohl längs vierteln und den Strunk herausschneiden. Den Kohl in feine Streifen schneiden, am besten mit einem Gemüsehobel.

2. Die Orangen so schälen, dass auch die weiße Haut mit entfernt wird. Die Fruchtfilets mit einem kleinen scharfen Messer zwischen den Trennhäuten herausschneiden, dabei den abtropfenden Saft auffangen.

3. Für das Dressing die Banane schälen, in Stücke schneiden und mit Joghurt und Nussöl in einen hohen Rührbecher geben. Die Zutaten mit einem Stabmixer fein pürieren. Den aufgefangenen Orangensaft und die Schnittlauchröllchen mit einem Schneebsen untermischen. Das Dressing mit Salz und Pfeffer abschmecken.

4. Zum Bestreuen die Pinienkerne in einer Pfanne ohne Fett unter Wenden goldbraun rösten, dann aus der Pfanne nehmen und erkalten lassen.

5. Rotkohl und Orangenfilets in einer Schüssel mischen. Den Rotkohl-Orangen-Salat in Schälchen verteilen, mit dem Dressing beträufeln und mit den Pinienkernen bestreuen.

TIPPS:

Die Pinienkerne schmecken durch das Anrösten besonders intensiv. Sie können den Salat jedoch auch mit ungerösteten Kernen bestreuen. Alternativ passen andere Nüsse oder Kerne.
Versuchen Sie den Salat einmal statt mit Orangen mit einer großen filetierten rosa Grapefruit.
Für einen veganen Rotkohl-Orangen-Salat ersetzen Sie das Joghurt-Dressing durch ein Essig-Öl-Dressing.

ROTKOHLSALAT MIT ENTENBRUST

Zubereitungszeit: 25 Minuten

ZUTATEN FÜR 4 PORTIONEN

2 Orangen
½ Rotkohl (etwa 400 g)
2 EL Sonnenblumenöl
2 EL Walnussöl
3 EL Apfelessig
80 ml Orangensaft
Salz
gem. Pfeffer
flüssiger Honig
2 EL Preiselbeeren
40 g Walnusskernhälften
etwa 250 g geräucherte Entenbrust

PRO PORTION:

E: 20 g, F: 22 g, Kh: 19 g, kcal: 370

1. Die Orangen so schälen, dass auch die weiße Haut mit entfernt wird. Die Fruchtfilets mit einem scharfen Messer zwischen den weißen Trennhäuten herausschneiden.

2. Vom Rotkohl die äußeren Blätter entfernen. Den Rotkohl längs halbieren und den Strunk herausschneiden. Den Kohl in feine Streifen schneiden, am besten mit einem Gemüsehobel. Die Rotkohlstreifen in eine Schüssel geben.

3. Sonnenblumenöl, Walnussöl, Essig, Orangensaft, Salz, Pfeffer und etwas Honig zum Rotkohl geben und die Zutaten mit den Händen kräftig durchkneten. Die Preiselbeeren untermischen und den Salat kurz ziehen lassen.

4. Inzwischen die Walnüsse in einer Pfanne ohne Fett unter Wenden 3–4 Minuten anrösten. Dann auf einem Teller erkalten lassen.

5. Die Entenbrust in möglichst dünne Scheiben schneiden und zusammen mit dem Rotkohlsalat sowie den Orangenfilets anrichten. Den Rotkohlsalat mit den gerösteten Walnüssen bestreuen.

TIPPS:

Anstelle der Walnusskerne geröstete und gesalzene Cashewkerne oder Erdnusskerne verwenden. Statt geräucherter können Sie auch gebratene Entenbrust verwenden. Dafür die Entenbrust mit Küchenpapier trocken tupfen und rundherum mit Salz und Pfeffer würzen. Eine Pfanne ohne Fett erhitzen, das Fleisch darin mit der Hautseite nach unten etwa 4–5 Minuten braten, dann wenden und auf der anderen Seite 4–5 Minuten braten. Kurz vor Ende der Garzeit die Hautseite mit 1 EL Honig und dem Saft der Orangenreste beträufeln. Die Entenbrust aus der Pfanne nehmen, kurz ruhen lassen und warm stellen. Den Bratensatz in der Pfanne mit 1–2 EL Essig (z. B. Sherryessig) lösen und kurz aufkochen. Die Entenbrust aufschneiden, mit dem Salat auf Tellern anrichten und mit Bratensaft aus der Pfanne beträufeln. Den Salat zusätzlich mit gerösteten Brotwürfeln (Croûtons) bestreuen.

ROTKOHLSALAT MIT PUTENSCHNITZELCHEN

Zubereitungszeit: 40 Minuten
Durchziehzeit: 30 Minuten

ZUTATEN FÜR 4 PORTIONEN

FÜR DEN SALAT:

½ Rotkohl (etwa 400 g)
200 g Pastinaken
Salz
2 EL Ahornsirup
4 EL Himbeeressig
2 EL Sahnemeerrettich (aus dem Glas)
50 g Crème fraîche
50 ml Milch (1,5 % Fett)
gem. Pfeffer
100 g Radicchio
½ rotschaliger Apfel, z. B. Jonagold

FÜR SCHNITZELCHEN UND GARNITUR:

8 kleine Putenschnitzel (je etwa 50 g)
8 Minzeblätter
1–2 EL Speiseöl zum Braten
Salz, gem. Pfeffer
75 g Granatapfelkerne

PRO PORTION:

E: 27 g, F: 9 g, Kh: 22 g, kcal: 287

1. Für den Salat vom Rotkohl die äußeren Blätter entfernen. Den Rotkohl längs halbieren und den Strunk herausschneiden. Den Kohl in sehr feine Streifen schneiden, am besten mit einem Gemüsehobel. Die Pastinaken putzen, schälen, abspülen, abtropfen lassen und auf der groben Seite der Küchenreibe raspeln.

2. Kohl, Pastinaken und 1 TL Salz in eine Schüssel geben und mit den Händen gut durchkneten. Zugedeckt etwa 30 Minuten durchziehen lassen.

3. Inzwischen für das Dressing Ahornsirup, Himbeeressig, Meerrettich, Crème fraîche, Milch, Salz und Pfeffer gut verrühren. Das Dressing gut mit der Rotkohlmischung vermengen.

4. Den Radicchio putzen, abspülen und gut abtropfen lassen oder trocken schleudern. Den Radicchio in feine Streifen schneiden. Den Apfel abspülen, abtrocknen, vierteln und entkernen. Den Apfel mit Schale in feine Streifen schneiden.

5. Für die Schnitzelchen die Putenschnitzel mit Küchenpapier abtupfen, dann mit Salz und Pfeffer würzen. Das Öl in einer Pfanne erhitzen und die Schnitzelchen darin bei starker Hitze auf beiden Seiten je 2–3 Minuten braten.

6. Für die Garnitur die Minzeblätter abspülen, trocken tupfen und klein schneiden. Radicchio und Apfel kurz vor dem Servieren unter den Salat mischen. Den Salat mit den Putenschnitzelchen auf Tellern anrichten. Mit Minze und Granatapfelkernen bestreuen.

RUCOLASALAT MIT ZUCKERSCHOTEN

● Zubereitungszeit: 30 Minuten, ohne Abkühlzeit
+ Vegetarisch

ZUTATEN FÜR 4 PORTIONEN

200 g Zuckerschoten
Salz
1 Kohlrabi (etwa 250 g)
1 gelbe Paprikaschote (etwa 200 g)
½ Salatgurke (etwa 175 g)
1 großes Bund Radieschen (etwa 300 g)
125 g Rucola (Rauke)

FÜR DAS DRESSING:

150 g gegarte Pellkartoffeln, vom Vortag
etwa 200 ml Gemüsebrühe
2 EL Olivenöl
½–1 TL mittelscharfer Senf
½–1 TL flüssiger Honig
2 EL Zitronensaft
1 EL Aceto balsamico
Salz, gem. Pfeffer
1 TL gehackte TK-Petersilie

PRO PORTION:

E: 6 g, F: 6 g, Kh: 19 g, kcal: 155

1. Von den Zuckerschoten die Enden abschneiden, die Schoten evtl. abfädeln. Abspülen und in kochendem Salzwasser etwa 2 Minuten blanchieren. Mit kaltem Wasser abschrecken, in einem Sieb abtropfen und abkühlen lassen. Die Zuckerschoten evtl. quer halbieren.

2. Den Kohlrabi schälen, abspülen, abtropfen lassen und in feine Stifte schneiden. Die Paprikaschote halbieren, entstielen, entkernen und die weißen Scheidewände entfernen. Die Schotenhälften abspülen, abtropfen lassen und in kleine Würfel schneiden.

3. Die Salatgurke abspülen, abtrocknen und das Ende abschneiden. Anschließend die Gurke die längs halbieren und die Kerne mit einem Löffel herausschaben. Die Gurke in dünne Scheiben schneiden, am besten mit einem Gemüsehobel.

4. Die Radieschen putzen, die Blätter und Stiele entfernen. Die Radieschen waschen, abtropfen lassen und in dünne Scheiben schneiden, am besten mit einem Gemüsehobel.

5. Den Rucola verlesen und dicke Stängel abschneiden. Den Rucola abspülen, gut abtropfen lassen oder trocken schleudern und evtl. etwas kleiner zupfen.

6. Für das Dressing die Kartoffeln pellen und in Stücke schneiden. Die Kartoffelstücke und die Gemüsebrühe in einen hohen Rührbecher geben. Die Zutaten mit einem Stabmixer fein pürieren. Olivenöl, Senf und Honig unterrühren. Das Dressing mit Zitronensaft, Essig, Salz und Pfeffer abschmecken. Die Petersilie unterrühren.

7. Kurz vor dem Servieren Rucola, Zuckerschoten, Kohlrabi, Paprika, Gurke und Radieschen in einer Schüssel vorsichtig mischen. Den Salat auf Tellern verteilen und mit Dressing beträufeln.

TIPPS:

Wenn Sie keine frischen Zuckerschoten bekommen, eignen sich auch TK- Zuckerschoten. Diese nach Packungsanleitung garen, mit kaltem Wasser abschrecken und abtropfen lassen.
Wenn Sie es etwas gehaltvoller mögen, können Sie noch 4 hart gekochte Eier (Größe M) in Achtel schneiden und unter den Salat mischen.
Servieren Sie frisches Baguette als Beilage.

SALAT GANZ IN GRÜN

Zubereitungszeit: 50 Minuten
+ Vegetarisch

ZUTATEN FÜR 6 PORTIONEN

etwa 500 g Erbsenschoten (ungepalte Erbsen mit Hülsen) oder 200 g TK-Erbsen
400 g junge grüne Bohnen
400 g Zuckerschoten
Salz
125 g Babyspinat
2 Schalotten
½ Topf Minze
100 ml Olivenöl
1 TL flüssiger Honig
Saft von 1 Limette
gem. Pfeffer
2 EL Sesamsamen

PRO PORTION:

E: 8 g, F: 19 g, Kh: 16 g, kcal: 267

1. Die Erbsen aus den Schoten palen. TK-Erbsen in kaltem Wasser auftauen (so bleiben sie schön prall), dann in einem Sieb abtropfen lassen. Von den Bohnen und Zuckerschoten die Enden abschneiden, evtl. abfädeln. Bohnen und Zuckerschoten abspülen und abtropfen lassen. Die Bohnen evtl. 1-mal durchschneiden.

2. Die Erbsen in kochendem Salzwasser etwa 5 Minuten garen, dann mit einer Schaumkelle herausnehmen, mit kaltem Wasser abschrecken und abtropfen lassen. Das Salzwasser wieder zum Kochen bringen und die Bohnen darin etwa 5 Minuten garen, anschließend die Zuckerschoten dazugeben und alles etwa 3 Minuten weitergaren. Bohnen und Zuckerschoten mit einer Schaumkelle herausnehmen, in einem Sieb mit kaltem Wasser abschrecken und abtropfen lassen.

3. Den Spinat verlesen, gründlich waschen, gut abtropfen lassen oder trocken schleudern. Die Schalotten abziehen und würfeln. Die Minze abspülen und trocken tupfen, die Blätter von den Stängeln zupfen.

4. Etwa die Hälfte der Minzeblätter mit 1 großen Prise Salz zum Olivenöl geben und alles fein pürieren. Das Minzöl mit Honig und Limettensaft abschmecken. Die restlichen Minzeblätter in Streifen schneiden.

5. Erbsen, Bohnen, Zuckerschoten, Spinat und Schalotten vermischen. Das Minzöl untermischen und den Salat mit Salz und Pfeffer würzen. Den Salat portionsweise in Schälchen oder auf einer großen Platte anrichten, mit Minzestreifen und Sesam bestreuen und sofort servieren.

TIPP:

Erbsen, Bohnen und Zuckerschoten können 4–5 Stunden vor dem Anrichten gegart werden, auch das Minzöl kann vorbereitet werden. Gemüse und Minzöl dann zugedeckt in den Kühlschrank stellen. Etwa 45 Minuten vor dem Servieren die restlichen Salatzutaten vorbereiten und den Salat anrichten.

SALAT VON ZWEIERLEI KOHL

Zubereitungszeit: 45 Minuten
+ Vegetarisch

ZUTATEN FÜR 6 PORTIONEN

1 Rotkohl (etwa 700 g)
1 Spitzkohl (etwa 600 g)
1 gestr. TL Salz
1 TL Zucker
2 Orangen

FÜR DAS DRESSING:

2 EL Apfelessig
1–2 EL flüssiger Honig
3 EL Sonnenblumenöl
Salz
gem. weißer Pfeffer

FÜR DIE GARNITUR:

125 g Walnusskerne

PRO PORTION:

E: 7 g, F: 20 g, Kh: 15 g, kcal: 270

1. Rot- und Spitzkohl putzen, dabei die äußeren Blätter entfernen. Die Kohlköpfe jeweils vierteln und jeweils den Strunk herausschneiden. Die Kohlviertel längs halbieren und quer in möglichst feine Streifen schneiden oder hobeln.

2. Die Kohlstreifen in eine große Schüssel geben und mit Salz und Zucker bestreuen. Die Kohlstreifen mit den Händen gut durch- und weich kneten, dann zugedeckt etwas durchziehen lassen.

3. Inzwischen die Orangen so schälen, dass die weiße Haut mit entfernt wird. Die Fruchtfilets mit einem scharfen Messer zwischen den Trennhäuten herausschneiden, dabei den abtropfenden Saft auffangen. Die Orangenfilets quer halbieren.

4. Für das Dressing den aufgefangenen Orangensaft mit Apfelessig und Honig verrühren. Das Sonnenblumenöl unterschlagen. Das Dressing mit Salz und Pfeffer würzen und unter die Kohlstreifen mischen. Die Orangenfilets unterheben.

5. Für die Garnitur die Walnusskerne in einer Pfanne ohne Fett unter gelegentlichem Rühren bei mittlerer Hitze anrösten, dann grob hacken. Den Salat in Schälchen anrichten und mit den gehackten Walnusskernen bestreuen.

TIPPS:

Das Messer zum Herausschneiden der Orangenfilets sollte eine dünne Klinge haben und wirklich scharf sein.
Der Salat lässt sich bis einschließlich Punkt 4 schon 2 Tage vorab zubereiten. Den Salat dann zugedeckt im Kühlschrank aufbewahren und etwa 30 Minuten vor dem Servieren herausnehmen. Die Walnusskerne rösten und hacken. Den Salat nochmals durchmischen, abschmecken und mit den gehackten Walnüssen bestreut servieren.

SALATTORTE

Zubereitungszeit: 60 Minuten
Durchziehzeit: 12–24 Stunden

ZUTATEN FÜR 12 PORTIONEN

1 kleiner Eisbergsalat (etwa 300 g)
1 Salatgurke
1 Kohlrabi (etwa 250 g)
400 g mittelgroße Tomaten
1 Bund Radieschen
1 Stange Lauch (etwa 250 g)
250 g Kochschinken, in dünnen Scheiben
5 hart gekochte Eier (Größe M)
250 g mittelalter Gouda, am Stück

FÜR DAS DRESSING:

1 Bund glatte Petersilie
1 Bund Schnittlauch
250 g Salatmayonnaise
300 g Sahnejoghurt (10 % Fett)
Salz
gem. Pfeffer

FÜR DIE GARNITUR:

12 Cocktailtomaten
12 kleine Holzspieße

PRO PORTION:

E: 15 g, F: 30 g, Kh: 5 g, kcal: 350

1. Den Eisbergsalat putzen, halbieren, abspülen und abtropfen lassen. Die Salatblätter in grobe Streifen schneiden. Die Salatgurke abspülen, abtrocknen und die Enden abschneiden. Den Kohlrabi schälen und halbieren. Die Tomaten abspülen, abtrocknen, halbieren und die Stängelansätze herausschneiden. Die Radieschen putzen, abspülen und trocken tupfen. Salat, Gurke, Kohlrabi, Tomaten und Radieschen in dünne Scheiben schneiden.

2. Den Lauch putzen, längs halbieren, gründlich waschen und gut abtropfen lassen. Den Lauch in feine Streifen schneiden.

3. Den Schinken mit Küchenpapier abtupfen. Die Eier pellen und in Scheiben schneiden. Die Käse auf der Küchenreibe grob raspeln.

4. Den geöffneten Rand einer Springform (Ø 26 cm) auf eine Tortenplatte legen. Nacheinander Salat, Gurke, Kohlrabi, Tomaten, Lauch, Schinken, Eier und Radieschen in die Form schichten, dabei jede Lage etwas andrücken. Die Torte mit dem Käse bestreuen.

5. Einen Bogen Backpapier auf die Torte legen und den Boden der Springform darauflegen. Die Salattorte mit Tellern oder Konservendosen beschweren und im Kühlschrank 12–24 Stunden durchziehen lassen.

6. Kurz vor dem Servieren das Dressing zubereiten. Dafür die Kräuter abspülen und trocken tupfen. Den Schnittlauch in Röllchen schneiden. Von der Petersilie die Blätter abzupfen, 12 Blätter für die Garnitur beiseitelegen. Die übrigen Blätter fein schneiden und mit Schnittlauch, Mayonnaise und Joghurt verrühren. Das Dressing mit Salz und Pfeffer abschmecken.

7. Für die Garnitur die Cocktailtomaten abspülen und trocken tupfen. Auf je 1 Holzspieß 1 Cocktailtomate und 1 Petersilienblatt spießen, die Spieße rundherum auf den Rand der Torte stecken. Den Springformrand vorsichtig lösen, die Torte mit einem Sägemesser oder elektrischen Messer in Stücke schneiden. Das Dressing in einem Schälchen separat dazu reichen.

TIPPS:

Für eine vegetarische Torte anstelle des Schinkens eine dünne Lage gerösteter Sesamsamen auf den Lauch streuen.
Die Salattorte ist ideal zum Vorbereiten, da sie gut durchziehen muss.

SCHICHTSALAT MIT CURRYDRESSING

Zubereitungszeit: 35 Minuten, ohne Abkühlzeit
Garzeit: 20–25 Minuten
Durchziehzeit: 2 Stunden

ZUTATEN FÜR 10 PORTIONEN

FÜR DIE SALATSCHICHTEN:

250 g festkochende Kartoffeln
Salz
125 g Kritharaki (griechische Nudeln in Reisform)
250 g Eisbergsalat
3 hart gekochte Eier (Größe M)
340 g abgetropfte Ananasstücke (aus der Dose; Einlegeflüssigkeit aufgefangen)
125 g Kochschinken
285 g abgetropfter Gemüsemais (aus der Dose)
370 g abgetropfter Sellerie in Streifen (aus dem Glas)

FÜR DAS DRESSING:

250 ml Currysauce (Fertigprodukt aus der Flasche)
150 g Salatmayonnaise
150 g Crème fraîche
100 ml Ananas-Einlegeflüssigkeit
Salz
gem. Pfeffer
Cayennepfeffer

ZUM BESTREUEN:

2 EL Röstzwiebeln (Fertigprodukt)

PRO PORTION:

E: 9 g, F: 21 g, Kh: 30 g, kcal: 353

1. Für die Salatschichten die Kartoffeln gründlich waschen, in einem Topf knapp mit Wasser bedecken, zugedeckt zum Kochen bringen und bei mittlerer Hitze in 20–25 Minuten gar kochen. Die Kartoffeln abgießen, abtropfen lassen und noch heiß pellen. Etwas abkühlen lassen und in etwa ½ cm dicke Scheiben schneiden.

2. Wasser in einem Topf zugedeckt zum Kochen bringen. Dann Salz und Nudeln hinzufügen. Die Nudeln im geöffneten Topf bei mittlerer Hitze nach Packungsanleitung bissfest kochen, dabei gelegentlich umrühren. Die Nudeln in ein Sieb abgießen, mit kaltem Wasser abspülen, abtropfen und erkalten lassen.

3. Inzwischen den Eisbergsalat putzen, abspülen, abtropfen lassen und in kleine Stücke schneiden. Die Eier pellen und in Scheiben schneiden. Die Ananasstücke noch etwas weiter zerkleinern. Den Schinken in kleine Würfel schneiden.

4. Für das Dressing Currysauce, Mayonnaise, Crème fraîche und Ananas-Einlegeflüssigkeit glatt verrühren. Das Dressing mit Salz, Pfeffer und Cayennepfeffer abschmecken.

5. Die für die Salatschichten vorbereiteten Zutaten mit Mais und Sellerie abwechselnd in eine hohe Schüssel (Ø 30 cm, Höhe 15 cm) einschichten, dabei auf jede Schicht etwas Dressing geben. Oder die Salatzutaten und das Dressing portionsweise in Gläser einschichten. Die oberste und die unterste Schicht sollten aus Eisbergsalat bestehen.

6. Den Schichtsalat mindestens 2 Stunden durchziehen lassen. Zum Servieren mit Röstzwiebeln bestreuen.

TIPPS:

Den Salat können Sie maximal 1 Tag im Voraus zubereiten. Dann bis zum Servieren abgedeckt im Kühlschrank aufbewahren.
Statt griechischer Nudeln schmeckt auch Reis.

SCHWEDISCHER SOMMERSALAT

Zubereitungszeit: 30 Minuten, ohne Abkühlzeit

ZUTATEN FÜR 4 PORTIONEN

FÜR DEN SALAT:

150 g Langkornreis
Salz
3 Hähnchenbrustfilets (je etwa 200 g)
gem. Pfeffer
3 EL Olivenöl
1 Grapefruit
1 TL abgetropfte grüne Pfefferkörner, in Lake
2 EL Himbeeressig
etwas Chilipulver

ZUM ANRICHTEN:

250 g Erdbeeren

PRO PORTION:

E: 28 g, F: 8 g, Kh: 37 g, kcal: 343

1. Für den Salat den Reis in einem Sieb so lange abspülen, bis nur noch klares Wasser abläuft. Dann in kochendem Salzwasser nach Packungsanleitung zubereiten.

2. Inzwischen die Hähnchenbrust mit Küchenpapier abtupfen, mit Salz und Pfeffer würzen. 1 EL Olivenöl in einer Pfanne erhitzen und die Hähnchenbrustfilets darin rundherum gut anbraten. Dann bei mittlerer bis starker Hitze etwa 10 Minuten garen, dabei 1- bis 2-mal wenden. Aus der Pfanne nehmen und erkalten lassen.

3. Den gegarten Reis in einem Sieb gut abtropfen und ebenfalls erkalten lassen.

4. Die Grapefruit so schälen, dass die weiße Haut mit entfernt wird. Die Grapefruitfilets mit einem scharfen Messer zwischen den Trennhäuten herausschneiden, dabei den Saft auffangen. Die Trennhäute ausdrücken, dabei ebenfalls den Saft auffangen. Die Grapefruitspalten klein schneiden.

5. Für die Marinade die Pfefferkörner mit einem großen Messer fein hacken. Dann mit Himbeeressig, Salz, Chili, 5 EL Grapefruitsaft und restlichem Olivenöl (2 EL) gut verrühren.

6. Die Hähnchenbrustfilets zunächst längs halbieren, dann quer in kleine Stücke schneiden.

7. Reis, Hähnchen, Grapefruit und Marinade in einer Schüssel vermischen. Den Salat mit 2–3 EL Grapefruitsaft sowie Chili und evtl. etwas Salz abschmecken.

8. Zum Anrichten die Erdbeeren abspülen, abtropfen lassen, entstielen und längs in Scheiben schneiden. Die Erdbeerscheiben kreisförmig auf eine große Platte oder portionsweise auf Teller legen. Den Reissalat in die Mitte geben.

TIPP:

Damit der Reis körnig kocht, sollten Sie ihn vorher gut abspülen, um anhaftende Stärke zu entfernen, und ihn in reichlich Wasser garen.

SECHSER SALAT

Zubereitungszeit: 30 Minuten
Garzeit: 35 Minuten
Durchziehzeit: 30 Minuten

ZUTATEN FÜR 8 PORTIONEN

6 festkochende Kartoffeln (etwa 600 g)
6 Eier (Größe M)
6 Zwiebeln (etwa 300 g)
Salz
6 kleine Äpfel (etwa 780 g)
6 Gewürzgurken (etwa 200 g; aus dem Glas)
6 EL Gewürzgurken-Einlegeflüssigkeit (aus dem Glas)
1 Beet Rettichkeimlinge
6 dicke Scheiben Fleischwurst (etwa 300 g)
6 Stängel Dill

FÜR DAS DRESSING:

150 g Salatmayonnaise (50 % Fett)
150 g Vollmilch-Joghurt
1 gestr. EL mittelscharfer Senf
50 g ger. Meerrettich (aus dem Glas)
Salz
gem. Pfeffer

PRO PORTION:

E: 13 g, F: 33 g, Kh: 27 g, kcal: 464

1. Die Kartoffeln gründlich waschen, in einem Topf knapp mit Wasser bedecken, zugedeckt zum Kochen bringen und bei mittlerer Hitze in 20–25 Minuten gar kochen. Abgießen, abtropfen lassen, noch heiß pellen und erkalten lassen.

2. Die Eier an der runden Seite anpieken, in kochendes Wasser legen, 9–10 Minuten kochen und in kaltem Wasser abschrecken.

3. Die Zwiebeln abziehen, halbieren, in Streifen schneiden und in kochendem Salzwasser etwa

3 Minuten blanchieren. In einem Sieb kalt abspülen und abtropfen lassen. Die Äpfel abspülen, vierteln und entkernen. Die Apfelviertel quer in Scheiben schneiden. Gurken und Kartoffeln in dünne Scheiben schneiden. Die Scheiben mit Zwiebeln, Äpfeln und Gurken-Einlegeflüssigkeit in einer großen Salatschüssel mischen.

4. Die Keimlinge abspülen, trocken tupfen und vom Beet schneiden. Die Fleischwurst in dünne Streifen schneiden. Die Eier pellen und in Scheiben schneiden. Den Dill abspülen und trocken tupfen, einige Stängel zum Garnieren beiseitelegen. Den übrigen Dill fein schneiden und mit Keimlingen, Wurst und Eiern zur Kartoffelmischung in die Salatschüssel geben.

5. Für das Dressing Mayonnaise, Joghurt, Senf und Meerrettich verrühren. Das Dressing mit Salz und Pfeffer abschmecken, in die Salatschüssel geben und alles vorsichtig mischen. Den Salat etwa 30 Minuten durchziehen lassen. Portionsweise anrichten und mit Dill garnieren.

TIPP:

Für mehr „Biss“ im Salat können Sie die Fleischwurst durch 50 g geröstete Sonnenblumen- oder Kürbiskerne ersetzen.

SOBANUDEL-SALAT MIT SHIITAKE

● Zubereitungszeit: 40 Minuten
+ Vegan

ZUTATEN FÜR 4 PORTIONEN

Salz
250 g asiatische Buchweizennudeln (Soba; ersatzweise Weizen- oder Dinkel-Vollkornspaghetti)
25–30 g eingelegter Ingwer (Gari)
2 heller Essig, z. B. Reis- oder Weißweinessig
1 EL Zitronensaft
3–4 EL Sojasauce
gem. Pfeffer
2 EL Sesamöl
5 EL Soja- oder Rapsöl
150 g TK-Erbsen
2 mittelgroße Möhren
125 g Shiitakepilze (alternativ Champignons)
2–3 Frühlingszwiebeln
evtl. etwa 50 ml heiße Gemüsebrühe
1–2 EL Noriflocken (getrocknete Algen in feinen Streifen; z. B. aus dem Bio-Laden)

PRO PORTION:

E: 14 g, F: 20 g, Kh: 52 g, kcal: 451

1. Reichlich Wasser in einem Topf aufkochen. Etwa 2 TL Salz und die Nudeln dazugeben und umrühren. Die Nudeln nach Packungsanleitung bissfest garen.

2. Inzwischen den eingelegten Ingwer abtropfen lassen und fein hacken. Ingwer, Essig, Zitronensaft, Sojasauce, Pfeffer, Sesamöl und 1 EL Soja- oder Rapsöl in einer Schüssel verquirlen.

3. Die Nudeln in ein Sieb abgießen, gut abtropfen lassen und noch heiß mit der Marinade mischen. Lauwarm abkühlen lassen.

4. In der Zwischenzeit die Erbsen antauen lassen. Die Möhren putzen, schälen und in sehr feine Stifte schneiden oder mit einer Küchenreibe nicht zu fein raspeln. Die Pilze putzen, evtl. kurz abspülen und trocken tupfen. Sehr dicke Stiele abschneiden und große Pilze halbieren. Die Frühlingszwiebeln putzen, abspülen, abtropfen lassen und in feine Scheiben schneiden.

5. In einer Pfanne 1 EL Soja- oder Rapsöl erhitzen und die Erbsen darin unter Wenden etwa ½ Minute knackig andünsten. Mit den Möhrenstreifen unter die Nudeln mischen.

6. Das restliche Soja- oder Rapsöl (3 EL) ins Bratfett in der Pfanne geben und erhitzen. Die Pilze darin bei starker Hitze unter Wenden 1–2 Minuten braten. Die Frühlingszwiebeln dazugeben und kurz mitbraten. Die Pilzmischung mit Salz und Pfeffer würzen und unter die Nudelmischung mengen, evtl. noch etwas heiße Brühe unter den Salat rühren. Den Salat mit Sojasauce und Pfeffer abschmecken. Auf Tellern anrichten und mit den Noriflocken bestreuen.

TIPP:

Sie lieben es feinwürzig-scharf und leicht exotisch? Dann streuen Sie noch 1–2 Handvoll frische Daikon-Kresse auf den Salat.

SOMMERSALAT MIT HÄHNCHENBRUST

Zubereitungszeit: 40 Minuten

ZUTATEN FÜR 4 PORTIONEN

1 kleiner Lollo rosso
1 kleiner Lollo biondo oder Friséesalat
1 Handvoll Rucola (Rauke)
1 Bund Frühlingszwiebeln (etwa 150 g)
1 rote Paprikaschote (etwa 150 g)
1 gelbe Paprikaschote (etwa 150 g)
4 Hähnchenbrustfilets (je etwa 150 g)
5 EL Speiseöl, z. B. Olivenöl
Salz, gem. Pfeffer
3 EL Weißweinessig

PRO PORTION:

E: 39 g, F: 14 g, Kh: 8 g, kcal: 322

1. Die Salatköpfe putzen, welke Blätter entfernen. Die Salatblätter vom Strunk lösen. Den Rucola verlesen und dicke Stängel abschneiden. Salatblätter und Rucola in reichlich kaltem Wasser gründlich waschen, dabei jedoch nicht drücken. In einem Sieb gut abtropfen lassen oder in einer Salatschleuder trocken schleudern. Große Salatblätter kleiner zupfen, die zarten Herzblätter ganz lassen.

2. Die Frühlingszwiebeln putzen, abspülen, abtropfen lassen und schräg in 1–2 cm lange Stücke schneiden. Die Paprikaschoten halbieren, entstielen, entkernen und die weißen Scheidewände entfernen. Die Schotenhälften abspülen, trocken tupfen und in Streifen schneiden.

3. Die Hähnchenbrustfilets mit Küchenpapier trocken tupfen, evtl. vorhandene Sehnen entfernen. Die Filets quer zur Faser in dünne Scheiben schneiden.

4. In einer großen Pfanne 1 ½ EL Speiseöl erhitzen und die Hälfte der Fleischscheiben darin unter gelegentlichem Rühren von allen Seiten etwa 5 Minuten braten. Die Fleischscheiben mit Salz und Pfeffer würzen und aus der Pfanne nehmen. Erneut 1 ½ EL Speiseöl in die Pfanne geben und die restlichen Fleischscheiben ebenso anbraten, mit Salz und Pfeffer würzen. Das aus der Pfanne genommene Fleisch ebenfalls wieder in die Pfanne geben.

5. Frühlingszwiebeln und Paprika zum Fleisch geben und alles etwa 3 Minuten braten. Aus der Pfanne nehmen, mit Salz und Pfeffer abschmecken und warm stellen.

6. Für das Dressing den Bratensatz mit Essig und 3 EL Wasser ablöschen, mit Salz und Pfeffer würzen. Das restliche Öl (2 EL) unterschlagen.

7. Salatblätter, Rucola und Fleischmischung in einer Schüssel vorsichtig vermengen. Den Salat auf einer großen Platte oder in Portionsschalen anrichten, mit dem lauwarmen Dressing beträufeln und sofort servieren.

TIPP:

Um die Salatköpfe einfach in einzelne Blätter zu teilen, schneiden Sie am besten den Strunk keilförmig heraus – dann lassen sich anschließend die nur noch locker zusammenhängenden Blätter leicht voneinander lösen.

SPAGHETTISALAT

Zubereitungszeit: 30 Minuten
+ Vegetarisch

ZUTATEN FÜR 4 PORTIONEN

Salz
500 g Spaghetti
150 g abgetropfte getrocknete Tomaten, in Öl
125 g abgetropfte schwarze Oliven, ohne Stein
1 Knoblauchzehe
1 EL Tomatenmark
einige Stängel Basilikum
3 EL Olivenöl
gem. Pfeffer
60 g frisch gehobelter Parmesan oder eine vegetarische Hartkäsesorte, z. B. Montello

PRO PORTION:

E: 25 g, F: 21 g, Kh: 100 g, kcal: 704

1. Wasser in einem großen Topf zugedeckt zum Kochen bringen. Salz und Spaghetti hinzufügen. Die Spaghetti im geöffneten Topf bei mittlerer Hitze nach Packungsanleitung bissfest kochen, dabei gelegentlich umrühren. Die Spaghetti in ein Sieb abgießen, kalt abspülen und anschließend gut abtropfen lassen.

2. Die Tomaten in feine Streifen schneiden. Die Oliven jeweils halbieren. Den Knoblauch abziehen und sehr klein schneiden.

3. Tomaten, Oliven, Knoblauch und Tomatenmark in einer großen Schüssel gut vermischen. Die Spaghetti vorsichtig unterheben.

4. Das Basilikum abspülen und trocken tupfen, die Blätter abzupfen. Einige Blätter zum Garnieren beiseitelegen. Die restlichen Blätter fein schneiden und mit dem Olivenöl vermischen.

5. Die Basilikummischung mit Salz und Pfeffer würzen und unter den Spaghettisalat heben.

6. Den Salat mit gehobeltem Käse bestreuen, mit den beiseitegelegten Basilikumblättern garnieren und sofort servieren.

TIPPS:

Zusätzlich können Sie abgetropften, etwas zerpflückten Thunfisch aus der Dose (Abtropfgewicht 525 g) unter den Salat geben.
Sie können diesen Salat einige Stunden vor dem Servieren bis einschließlich Punkt 4 zubereiten und zugedeckt im Kühlschrank aufbewahren.

SPAGHETTISALAT MIT JOGHURT-PESTO

◷ Zubereitungszeit: 20 Minuten, ohne Abkühlzeit
Durchziehzeit: 20 Minuten
+ Vegetarisch

ZUTATEN FÜR 4 PORTIONEN

Salz
250 g Spaghetti (helle oder Vollkorn)
100 g Zuckerschoten oder TK-Erbsen
1 EL Olivenöl
250 g Cocktailtomaten
4 Frühlingszwiebeln (ersatzweise 1 Bund frischer oder 25 g TK-Schnittlauch)

FÜR DAS JOGHURT-PESTO:

150 g Joghurt (3,5 % Fett)
50 ml Gemüsebrühe
2 EL Kräuter-Pesto (aus dem Glas)
Salz, gem. Pfeffer

ZUM ANRICHTEN:

2 hart gekochte Eier (Größe M)
einige frische Basilikumblätter
40 g gehobelter Parmesan oder eine vegetarische Hartkäsesorte, z. B. Montello

PRO PORTION:

E: 19 g, F: 17 g, Kh: 52 g, kcal: 450

1. Wasser in einem großen Topf zugedeckt zum Kochen bringen. Salz und Spaghetti hinzufügen. Die Spaghetti im geöffneten Topf bei mittlerer Hitze nach Packungsanleitung bissfest kochen, dabei gelegentlich umrühren.

2. Während die Nudeln garen, von den Zuckerschoten die Enden abschneiden, evtl. abfädeln. Schoten abspülen, abtropfen lassen und quer halbieren. Zuckerschoten oder gefrorene Erbsen etwa 2 Minuten vor Garzeitende der Nudeln in den Topf geben und mitgaren.

3. Die Spaghetti mit Zuckerschoten oder Erbsen in ein Sieb abgießen, mit kaltem Wasser abspülen, abtropfen lassen und mit Olivenöl beträufeln. Die Nudeln mit einer Gabel auflockern, damit sie nicht verkleben. Erkalten lassen.

4. Die Tomaten abspülen, abtrocknen, halbieren und die Stängelansätze herausschneiden. Die Frühlingszwiebeln putzen, abspülen, abtropfen lassen und in feine Scheiben schneiden.

5. Die Spaghetti mit Zuckerschoten oder Erbsen in eine große Schüssel geben. Tomaten und Frühlingszwiebeln vorsichtig untermischen.

6. Für das Joghurt-Pesto Joghurt, Brühe und Pesto verrühren. Das Joghurt-Pesto mit Salz und Pfeffer kräftig würzen, zur Spaghettimischung geben und alles gut vermengen. Den Salat zugedeckt etwa 20 Minuten durchziehen lassen.

7. Kurz vor dem Servieren die Eier pellen und jeweils längs halbieren. Die Basilikumblätter abspülen und trocken tupfen. Den Spaghettisalat nochmals mit Salz und Pfeffer abschmecken, evtl. noch etwas Brühe unterrühren. Den Salat mit gehobeltem Käse, Eierhälften und Basilikumblättern auf einer Platte oder Tellern anrichten.

SPARGELSALAT

Zubereitungszeit: 25 Minuten, ohne Abkühlzeit
Garzeit: 23 Minuten
+ Vegetarisch

ZUTATEN FÜR 4 PORTIONEN

3 Eier (Größe M)
3 Tomaten
500 g weißer Spargel
300 g grüner Spargel
Salz
Zucker
4 EL Weißweinessig
Saft und abgeriebene Schale von 1 Bio-Orange
½ EL scharfer Pommery-Senf, fein oder gekörnt
1 EL Honig
3 EL gehackte Petersilie
3 EL Schnittlauchröllchen
5–6 EL Olivenöl
gem. Pfeffer
einige grüne Salatblätter

PRO PORTION:

E: 9 g, F: 17 g, Kh: 10 g, kcal: 237

1. Die Eier in etwa 10 Minuten hart kochen. Inzwischen die Tomaten abspülen, abtrocknen, vierteln, Stängelansatz und Kerne entfernen und das Fruchtfleisch in kleine Würfel schneiden. Die Eier in kaltem Wasser abschrecken und pellen.

2. Den weißen Spargel von oben nach unten schälen. Darauf achten, dass die Schalen vollständig entfernt, die Köpfe aber nicht verletzt werden. Die unteren Enden abschneiden (holzige Stellen vollkommen entfernen). Vom grünen Spargel das untere Drittel schälen und die Enden abschneiden. Den Spargel in Stücke schneiden. Gut gesalzenes Wasser mit 1 Prise Zucker in einem Topf zum Kochen bringen und den weißen Spargel darin etwa 8 Minuten kochen. Dann den grünen Spargel in den Topf geben und alles noch etwa 5 Minuten weitergaren.

3. Inzwischen Essig, Orangenschale und -saft, Senf, Honig, die Hälfte der Kräuter sowie Olivenöl in einer Schüssel zu einer Vinaigrette verquirlen. Die Vinaigrette mit Salz und Pfeffer abschmecken, die Hälfte der Tomatenwürfel unterrühren.

4. Den Spargel aus dem Topf nehmen, abtropfen lassen und noch heiß in die Vinaigrette legen. Den Spargel in der Vinaigrette erkalten lassen, dabei hin und wieder mit Vinaigrette übergießen.

5. Zum Anrichten des Salats die Eier hacken und mit restlichen Tomatenwürfeln, Kräutern und 5–6 EL Spargelvinaigrette mischen. Die grünen Salatblätter waschen und trocken schleudern.

6. Die Salatblätter auf Teller oder eine Platte verteilen. Den Spargel darauf anrichten und die Eier-Tomaten-Mischung darauf verteilen.

TIPP:

Den Spargelsalat mit einigen Scheiben Räucherlachs oder mit Shrimps garnieren.

SPINATSALAT MIT GRANATAPFELKERNEN

Zubereitungszeit: 20 Minuten, ohne Abkühlzeit
+ Vegan

ZUTATEN FÜR 4 PORTIONEN

1 kleiner reifer Granatapfel
30 g Pinienkerne
2 Knoblauchzehen
60 g Schalotten
3 Stängel Thymian
100 g junger Blattspinat
5 EL Aceto balsamico
6 EL Olivenöl
Salz
gem. Pfeffer
Zucker

PRO PORTION:

E: 3 g, F: 19 g, Kh: 13 g, kcal: 240

1. Den Granatapfel halbieren und die Kerne vorsichtig über einer Schüssel herauslösen oder mit einem Kochlöffel herausklopfen, dabei die weißen Trennhäutchen entfernen.

2. Die Pinienkerne in einer Pfanne ohne Fett unter Wenden bei mittlerer Hitze goldbraun rösten. Dann auf einem Teller erkalten lassen.

3. Knoblauch und Schalotten abziehen. Den Knoblauch in kleine Würfel schneiden. Die Schalotten in Scheiben schneiden, diese anschließend in Ringe teilen.

4. Den Thymian abspülen und trocken tupfen, die Blättchen abzupfen und grob schneiden.

5. Den Blattspinat verlesen und die dicken Stiele entfernen. Den Spinat gründlich waschen, gut abtropfen lassen und in breite Streifen schneiden.

6. Den Aceto balsamico mit Knoblauchwürfeln, Schalottenringen und Thymian in einer Schüssel verrühren. Das Olivenöl langsam unterschlagen. Das Dressing mit Salz, Pfeffer und Zucker würzen.

7. Spinat, Pinienkerne und Granatapfelkerne zum Dressing geben und alles vorsichtig vermischen. Den Salat nochmals mit den Gewürzen abschmecken und auf Tellern anrichten.

TIPPS:

Statt Aceto balsamico können Sie das Dressing auch mit Apfelessig zubereiten.
Die Pinienkerne lassen sich gut durch gehackte Mandeln ersetzen.
Geben Sie zusätzlich 125 g abgespülte, trocken getupfte, halbierte Cocktailtomaten in den Salat.
Für eine vollständige Mahlzeit servieren Sie dazu frisches Roggenbrot.

SPINATSALAT MIT SEIDENTOFU-DRESSING

◷ Zubereitungszeit: 40 Minuten
+ Vegan

ZUTATEN FÜR 12 PORTIONEN

3 EL geschälte Sesamsamen
300–400 g Babyspinat
2 Schalotten
1 Bund Radieschen (etwa 350 g)
2 rosa Grapefruits
2 Äpfel
265 g abgespülte, abgetropfte Kichererbsen (aus dem Glas)
1 EL Schwarzkümmel

FÜR DAS DRESSING:

200 g abgetropfter Seidentofu
4–5 EL Sojasauce
Saft von 2–3 Limetten
3–4 EL Traubenkernöl
Salz
½ TL Cayennepfeffer

PRO PORTION:

E: 5 g, F: 6 g, Kh: 12 g, kcal: 125

1. Die Sesamsamen in einer Pfanne ohne Fett bei mittlerer Hitze unter Wenden anrösten, dann auf einem Teller erkalten lassen.

2. Den Spinat verlesen, gründlich waschen, gut abtropfen lassen oder trocken schleudern. Die Schalotten abziehen, zuerst in Scheiben schneiden, dann in Ringe teilen.

3. Die Radieschen putzen, abspülen, abtropfen lassen und in dünne Scheiben schneiden oder hobeln. Die Grapefruits so schälen, dass die weiße Haut mit entfernt wird. Die Grapefruits filetieren und in Stücke schneiden.

4. Die Äpfel abspülen, abtrocknen, vierteln, entkernen und mit Schale klein würfeln.

5. Für das Dressing den Tofu in Stücke schneiden. Mit Sojasauce, Limettensaft und Traubenkernöl in einem hohen Rührbecher mit einem Stabmixer pürieren. Mit Salz und Cayennepfeffer würzen.

6. Den Spinat in Salatschälchen verteilen. Kichererbsen, Schalottenringe, Radieschenscheiben, Grapefruitstücke und Apfelwürfel daraufgeben. Mit Sesam und Schwarzkümmel bestreuen. Das Dressing dazu servieren.

TIPPS:

Wenn das Dressing zu dickflüssig ist, etwas Gemüsebrühe unterrühren.
Tofu wird auch Bohnen-„Quark" oder Soja-„Quark" genannt und hat keinen starken Eigengeschmack. Seidentofu hat einen höheren Feuchtigkeitsgehalt und ist daher eine besonders weiche Tofusorte, die sich gut für die Zubereitung eines Dressings eignet.

SPITZKOHLSALAT MIT KORINTHEN

Zubereitungszeit: 40 Minuten
+ Vegetarisch

ZUTATEN FÜR 4 PORTIONEN

FÜR DEN SALAT:

125 g Korinthen
700 g Spitzkohl
½ TL Fenchelsamen
1 TL Senfkörner
1 TL brauner Zucker
Salz
3 EL Raps- oder Sonnenblumenöl
1 Bund Radieschen (250 g; mit frischem Grün)
20 g glatte Petersilie
gem. Pfeffer
1–2 EL Zitronensaft

ZUM SERVIEREN:

200 g Sahnejoghurt (10 % Fett)

PRO PORTION:

E: 8 g, F: 17 g, Kh: 36 g, kcal: 335

1. Die Korinthen mit kochend heißem Wasser bedecken und quellen lassen. Vom Spitzkohl die äußeren Blätter entfernen. Den Kohl abspülen und der Länge nach vierteln, den Strunk entfernen. Die Kohlviertel in feine Streifen schneiden.

2. Fenchelsamen, Senfkörner, Zucker und ½ TL Salz in einem Mörser fein zerstoßen. Zum Kohl geben und mit den Händen ½ Minute unterkneten. Das Öl dazugeben, alles kurz durchkneten. Die Korinthen abtropfen lassen und unterheben. 15 Minuten durchziehen lassen.

3. Inzwischen die Radieschen putzen, dabei die jungen Blätter aufheben. Radieschen und junge Blätter waschen und abtropfen lassen. Die Radieschen in dünne Scheiben, Blätter in Streifen schneiden. Beides unter die Kohlmischung heben.

4. Die Petersilie abspülen und trocken tupfen. Die Blätter abzupfen und unter den Salat heben. Den Salat mit Salz, Pfeffer und Zitronensaft abschmecken. Den Joghurt dazu servieren.

TIPP:

Der Salat passt zu gegrilltem Fisch oder Fleisch und ist eine gute Füllung für Pitabrote mit Falafel.

STEAKSALAT MIT LIMETTEN-AIOLI-DRESSING

Zubereitungszeit: 25 Minuten

ZUTATEN FÜR 4 PORTIONEN

FÜR DAS FLEISCH:

400 g Rumpsteak (Rindersteak aus dem Rücken)
1–2 EL Speiseöl zum Braten
Salz
gem. Pfeffer

FÜR DAS DRESSING:

1 kleine Bio-Limette
2 Knoblauchzehen
1 sehr frisches Eigelb (Größe M)
1 TL mittelscharfer Senf
Salz
gem. Pfeffer
etwa 75 ml mildes Olivenöl
3 EL Joghurt (3,5 % Fett)

FÜR DEN SALAT:

2 rote Zwiebeln
4 kleine Tomaten
1 kleine reife Mango (etwa 400 g)
1 Eisbergsalat
1 Bund Thai-Basilikum (z. B. aus dem Asialaden; ersatzweise klassisches Basilikum)

PRO PORTION:

E: 26 g, F: 32 g, Kh: 58 g, kcal: 465

1. Für das Fleisch das Rumpsteak aus dem Kühlschrank nehmen und Zimmertemperatur annehmen lassen.

2. In der Zwischenzeit für das Dressing die Limette heiß abspülen und trocken reiben, die Schale sehr fein abreiben. Die Limette halbieren und den Saft auspressen. Den Knoblauch abziehen und in feine Würfel schneiden. Knoblauchwürfel, Eigelb, Senf, je 2 TL Limettensaft und -schale, etwas Salz und Pfeffer in einem hohen Mixbecher mit einem Stabmixer verquirlen. Unter weiterem Mixen das Öl zunächst tröpfchenweise, dann im feinen Strahl hinzufügen und alles zu einer cremigen Mayonnaise mixen. Den Joghurt unterrühren. Mit Salz, Pfeffer und evtl. Limettensaft abschmecken.

3. Für den Salat die Zwiebeln abziehen, halbieren und in feine Halbringe schneiden. Die Tomaten abspülen, trocken reiben, halbieren, dabei die grünen Stielansätze mit herausschneiden. Von der Mango das Fruchtfleisch vom Stein schneiden, schälen und in feine Streifen schneiden. Den Eisbergsalat putzen, waschen, abtropfen lassen und in feine Streifen schneiden. Das Basilikum abspülen und trocken schütteln, die Blätter abzupfen. Einen Teil der Blätter in feine Streifen schneiden und mit den vorbereiteten Salatzutaten in einer Schüssel mischen.

4. Das Fleisch mit Küchenpapier trocken tupfen, in etwa 1 cm breite Streifen schneiden und mit dem Öl zum Braten mischen. Eine Grillpfanne oder gusseiserne Pfanne stark erhitzen und das Fleisch darin 1–2 Minuten scharf anbraten. Mit Salz und Pfeffer würzen.

5. Das Dressing über die Salatzutaten träufeln, alles mischen und auf Teller verteilen. Mit restlichem Basilikum und Steakstreifen anrichten.

HINWEIS:

Nur ganz frische Eier verwenden (Legedatum beachten, mind. 23 Tage Resthaltbarkeit). Salat im Kühlschrank aufbewahren und innerhalb von 24 Stunden verzehren.

SÜSSKARTOFFELSALAT MIT COUSCOUS

- Zubereitungszeit: 35 Minuten, ohne Abkühlzeit
  Durchziehzeit: 30 Minuten
  Garzeit: 15–20 Minuten
- + Vegan

ZUTATEN FÜR 4 PORTIONEN

750 g mittelgroße Süßkartoffeln (Bataten)
75 g Couscous
knapp 300 ml Gemüsebrühe
1 Schalotte
½ Salatgurke
40 g abgetropfte grüne Oliven, ohne Stein
3 geh. TL abgetropfte Kapern (aus dem Glas)
5 Stängel Petersilie

FÜR DAS DRESSING:

4–5 EL Limettensaft
2 EL Olivenöl
Salz, gem. Pfeffer
etwas Chilipulver oder Chiliflocken

PRO PORTION:

E: 6 g, F: 8 g, Kh: 54 g, kcal: 316

1. Die Süßkartoffeln unter fließendem Wasser abbürsten, knapp mit Wasser bedecken, zugedeckt zum Kochen bringen und in 15–20 Minuten gar kochen. Abgießen, kalt abschrecken und abtropfen lassen. Die Süßkartoffeln noch warm pellen und erkalten lassen.

2. Den Couscous mit der Gemüsebrühe nach Packungsanleitung zubereiten (die auf der Packung angegebene Flüssigkeitsmenge verwenden). In eine Salatschüssel geben und abkühlen lassen.

3. Inzwischen die Schalotte abziehen und fein würfeln. Die Gurke abspülen, abtrocknen und das Ende abschneiden. Die Gurke längs halbieren, entkernen und in dünne Streifen schneiden.

4. Die Süßkartoffeln in mundgerechte Stücke schneiden. Die Oliven jeweils halbieren, mit den Kapern mischen und beiseitestellen.

5. Für das Dressing 4 EL Limettensaft mit dem Olivenöl verquirlen, mit Salz, Pfeffer und Chilipulver oder Chiliflocken würzen.

6. Den beiseitegestellten Couscous mit zwei Gabeln auflockern. Schalotte, Gurke, Süßkartoffeln und Oliven-Kapern-Mischung unterheben. Das Dressing untermengen. Den Salat zugedeckt im Kühlschrank 30 Minuten durchziehen lassen.

7. Die Petersilie abspülen und trocken tupfen. Die Blätter abzupfen, klein schneiden und unter den Salat mischen. Den Salat mit Limettensaft, Salz, Pfeffer und Chili abschmecken. Sofort servieren.

TIPPS:

Süßkartoffeln lassen sich genauso wie Kartoffeln kochen, backen oder braten, machen wunderbar satt und schmecken angenehm süßlich. Wenn Sie keine Süßkartoffeln bekommen oder deren Geschmack nicht mögen, können Sie aber auch genauso gut „normale" Kartoffeln für den Salat verwenden – am besten eignet sich eine festkochende Sorte.

SÜSSKARTOFFELSALAT MIT GEBRATENEM TOFU

Zubereitungszeit: 45 Minuten, ohne Abkühlzeit
Garzeit: 30–35 Minuten
+ Vegan

ZUTATEN FÜR 4 PORTIONEN

3 mittelgroße Süßkartoffeln (Bataten; etwa 1 kg)
Salz
3 EL Sesamsamen
etwa 125 ml heiße Gemüsebrühe
½–1 TL geschroteter Chili
4 EL Weißweinessig
gem. Pfeffer
etwa 6 EL Limettensaft (frisch gepresst)
4 EL Olivenöl
1 grüne Paprikaschote
1 kleine grüne Peperoni
2 Knoblauchzehen
etwa ½ TL gem. Kreuzkümmel (Cumin)
200–300 g Räuchertofu
2 EL Speiseöl zum Braten
4 Frühlingszwiebeln
300 g Cocktailtomaten

PRO PORTION:

E: 16 g, F: 25 g, Kh: 56 g, kcal: 534

1. Die Süßkartoffeln abbürsten, in einem Topf mit leicht gesalzenem Wasser bedecken, zugedeckt zum Kochen bringen und 30–35 Minuten garen.

2. Inzwischen die Sesamsamen in einer beschichteten Pfanne ohne Fett rösten, erkalten lassen. Brühe, Chili, Essig, Salz, Pfeffer und 2–3 EL Limettensaft verrühren. 2 EL Olivenöl unterschlagen, Sesam unterrühren.

3. Die Kartoffeln abgießen, kalt abschrecken, etwas abkühlen lassen, schälen, grob würfeln und mit dem Dressing mischen. Erkalten lassen.

4. Für den Paprikamix Paprikaschote und Peperoni halbieren, entstielen, entkernen und die weißen Scheidewände entfernen. Paprika und Peperoni abspülen, trocken tupfen. Die Paprika nach Belieben mit einem Sparschäler fein schälen. Paprika und Peperoni sehr fein würfeln oder hacken. In einem Schälchen mit 2 EL Olivenöl mischen. Den Knoblauch abziehen, fein würfeln und mit etwas Salz bestreuen, kurz ziehen lassen. Den Knoblauchmix mit einem Messer fein zerdrücken und ebenfalls unter die Paprika rühren. Mit Pfeffer, Kreuzkümmel, etwas Limettensaft und evtl. etwas Salz abschmecken.

5. Für den gebratenen Tofu den Räuchertofu in Scheiben schneiden und mit Küchenpapier gut trocken tupfen. Das Speiseöl zum Braten in einer beschichteten Pfanne erhitzen und den Tofu darin unter Wenden knusprig braten.

6. Die Frühlingszwiebeln putzen, abspülen, abtropfen lassen und fein schneiden. Die Tomaten abspülen, abtrocknen und jeweils halbieren. Beides unter die Süßkartoffeln mischen, mit Salz, Pfeffer, evtl. noch etwas Brühe und Essig verrühren und abschmecken. Salat, Tofu und Dressing anrichten. Den Paprikamix dazu reichen.

TACO-SALAT

Zubereitungszeit: 30 Minuten

ZUTATEN FÜR 4 PORTIONEN

2 EL Rapsöl
400 g Rindergehacktes
2 TL Paprikapulver edelsüß
1 TL gem. Kreuzkümmel
1 TL granulierter Knoblauch
Salz, gem. Pfeffer
1 kleine rote Zwiebel
1 ½ EL Zucker
4 Tomaten
½ Bund Koriander (alternativ Petersilie)
2 Avocados
1 Bio-Limette
300 g Sahnejoghurt (10 % Fett)
1 Römersalatherz
100 g Taco-Chips

ZUSÄTZLICH:

4 große Einmachgläser mit Deckel (je etwa 500 ml Inhalt)

PRO PORTION:

E: 26 g, F: 52 g, Kh: 26 g, kcal: 689

1. Das Rapsöl in einer Pfanne erhitzen und das Rindergehackte darin bei mittlerer bis starker Hitze unter Rühren in 8–10 Minuten krümelig braten. Paprikapulver, Kreuzkümmel, Knoblauch, Salz und Pfeffer dazugeben und mitbraten, bis das Hackfleisch goldbraun ist. Abkühlen lassen.

2. Für die Salsa die Zwiebel abziehen, halbieren, in feine Streifen schneiden und in einer Schüssel mit etwas Salz und 1 EL Zucker vermischen. Die Tomaten abspülen, abtrocknen, halbieren und die Stängelansätze herausschneiden. Tomaten in feine Würfel schneiden. Den Koriander abspülen und trocken tupfen, die Blätter von den Stängeln zupfen und klein schneiden. Koriander und Tomatenwürfel mit den Zwiebeln mischen.

3. Die Avocados halbieren und den Kern entfernen. Das Fruchtfleisch mit einem großen Löffel herauslösen und in kleine Würfel schneiden.

4. Für das Dressing die Limette heiß abwaschen und abtrocknen. Die Schale fein abreiben. Die Limette auspressen. Den Joghurt mit Limettensaft und -schale verrühren und mit Salz, Pfeffer und restlichem Zucker würzen.

5. Das Salatherz halbieren, den Strunk herausschneiden. Den Salat in dünne Streifen schneiden, abspülen, gut abtropfen lassen oder trocken schleudern. Die Taco-Chips grob zerkrümeln.

6. Zuerst das Dressing auf Gläser verteilen. Dann Gehacktes, Avocado, Tomatensalsa, Salatstreifen und Taco-Chips schichtweise daraufschichten.

TANDOORI CHICKEN MIT LINSEN-SPINAT-SALAT

Zubereitungszeit: 40 Minuten
Marinierzeit: 4 Stunden

ZUTATEN FÜR 2 PORTIONEN

FÜR DAS TANDOORI CHICKEN:

2 EL Joghurt (3,5 % Fett)
2 EL Tandoori-Paste (aus dem Glas)
2 Hähnchenbrustfilets (je 175 g)

FÜR DEN SALAT:

125 g rote Linsen
Salz
400 g Babyspinat
5 grüne Kardamomkapseln
50 g getrocknete Aprikosen
3 EL Zitronensaft
200 g Joghurt (3,5 % Fett)
etwas Cayennepfeffer

ZUSÄTZLICH:

2 EL Speiseöl zum Braten
12 Minzeblätter

PRO PORTION:

E: 68 g, F: 9 g, Kh: 50 g, kcal: 573

1. Für das Tandoori Chicken den Joghurt mit der Tandoori-Paste verrühren. Das Hähnchen mit Küchenpapier abtupfen, in der Joghurtmischung wenden und zugedeckt etwa 4 Stunden im Kühlschrank marinieren.

2. Für den Salat die Linsen in kochendem Salzwasser nach Packungsanleitung garen. In ein Sieb abgießen und abtropfen lassen. Den Spinat verlesen, abspülen, abtropfen lassen und 2 Sekunden in kochendem Salzwasser blanchieren. Sofort kalt abschrecken, dann gut ausdrücken.

3. Die Kardamomsamen aus den Kapseln lösen und im Mörser fein mahlen. Die Aprikosen fein würfeln. Kardamom und Aprikosenwürfel mit Zitronensaft, Joghurt, etwas Salz und Cayennepfeffer verrühren. Linsen und Spinat untermischen, evtl. nachwürzen.

4. Das Fleisch aus der Marinade nehmen. Das Speiseöl zum Braten in einer beschichteten Pfanne erhitzen und die Hähnchenbrustfilets darin bei schwacher Hitze auf beiden Seiten je 4–5 Minuten braten. Aus der Pfanne nehmen.

5. Die Minzeblätter abspülen und trocken tupfen, nach Belieben klein schneiden. Das Fleisch in dünne Scheiben schneiden, mit dem Salat anrichten und mit Minze bestreuen.

TIPP:

Zum Herauslösen der Kardamomsamen die Kapseln einfach aufbrechen oder mit einem Messer aufschneiden. Die kleinen schwarzen Samen dann über dem Mörser „herausschütteln".

THAILÄNDISCHER RINDFLEISCHSALAT

Zubereitungszeit: 30 Minuten

ZUTATEN FÜR 4 PORTIONEN

FÜR DAS DRESSING:

1 rote Peperoni (etwa 15 g)
2 Knoblauchzehen
30 g frischer Ingwer
6 EL Limettensaft
4 EL Sojasauce
4 EL brauner Zucker
2 EL geröstetes Sesamöl
2 EL Sonnenblumenöl
evtl. Salz

FÜR DEN SALAT:

4 Frühlingszwiebeln
1 rote Zwiebel
250 g Salatgurke
400 g Cocktailtomaten
4 Stängel Koriander
5 Stängel Thai-Basilikum
4 Stängel Minze
50 g geröstete, gesalzene Erdnusskerne
300 g Roastbeef-Aufschnitt

PRO PORTION:

E: 29 g, F: 21 g, Kh: 25 g, kcal: 405

1. Für das Dressing die Peperoni halbieren, entstielen, entkernen, abspülen und abtropfen lassen. Die Peperoni in dünne Streifen schneiden. Den Knoblauch abziehen. Den Ingwer schälen. Knoblauch und Ingwer klein würfeln.

2. Limettensaft, Sojasauce und Zucker gut verrühren. Sesam- und Sonnenblumenöl unterschlagen. Peperonistreifen, Knoblauch- und Ingwerwürfel unterrühren. Das Dressing evtl. noch mit etwas Salz abschmecken.

3. Für den Salat die Frühlingszwiebeln putzen, abspülen, abtropfen lassen und in feine Scheiben schneiden. Die Zwiebel abziehen und in feine Spalten schneiden. Die Gurke schälen und die Enden abschneiden. Die Gurke in dünne Scheiben schneiden. Die Tomaten abspülen, abtropfen lassen und halbieren oder vierteln.

4. Koriander, Basilikum und Minze abspülen und trocken tupfen. Die Blätter abzupfen und grob schneiden. Die Erdnusskerne fein hacken.

5. Den Roastbeef-Aufschnitt mit Zwiebelspalten, Frühlingszwiebel- und Gurkenscheiben, Tomatenvierteln, Kräutern und Dressing mischen.

6. Den Salat dekorativ auf Tellern anrichten und mit den Erdnusskernen bestreuen.

THUNFISCHSALAT

Zubereitungszeit: 25 Minuten
Durchziehzeit: 20 Minuten

ZUTATEN FÜR 4 PORTIONEN

480 g abgetropfte Kichererbsen (aus der Dose)
250 g mittelgroße Rispentomaten
100 g abgetropfte Kapernäpfel (aus dem Glas)
100 g Salatmayonnaise (aus dem Glas)
2–3 EL Balsamico bianco
Salz
gem. Pfeffer
Paprikapulver rosenscharf
200 g Römersalat
20 g Basilikum
135 g abgetropfter Thunfisch, in Lake (aus dem Glas)

PRO PORTION:

E: 18 g, F: 22 g, Kh: 26 g, kcal: 372

1. Die Kichererbsen in einem Sieb abspülen und abtropfen lassen. Die Tomaten abspülen, abtropfen lassen und halbieren, die Stängelansätze entfernen. Die Hälften in Spalten schneiden. Die Kapernäpfel in Spalten oder Scheiben schneiden.

2. Die Mayonnaise mit 2 EL Balsamico sowie etwas Salz, Pfeffer und Paprikapulver in einer Salatschüssel verrühren. Kichererbsen, Tomaten und Kapernäpfel unterheben. Die Mischung mindestens 20 Minuten durchziehen lassen.

3. Inzwischen den Römersalat putzen, waschen, in der Salatschleuder trocken schleudern und in kleine Stücke zupfen. Das Basilikum abspülen und trocken tupfen, die Blätter abzupfen. Einige Blätter zum Garnieren beiseitelegen, die übrigen Blätter in Streifen schneiden.

4. Den Thunfisch in mundgerechte Stücke zupfen oder schneiden. Zwei Drittel der Salatstücke und die Hälfte des Thunfischs unter die Kichererbsenmischung heben. Den Salat mit Balsamico, Salz und Pfeffer abschmecken.

5. Die restlichen Römersalatblätter auf Tellern anrichten. Salat, übrigen Thunfisch und Basilikum darauf verteilen.

TIPP:

Wer auf Thunfisch lieber verzichten möchte, kann den Salat auch mit geräucherten Forellenfilets oder geräucherter oder gebratener Puten- oder Hähnchenbrust zubereiten.

TOMATEN-BULGUR-SALAT

◔ Zubereitungszeit: 30 Minuten
Durchziehzeit: 30 Minuten
+ Vegan

ZUTATEN FÜR 4 PORTIONEN

200 g Bulgur
etwa 400 ml Gemüsebrühe
400 g Tomaten
150 g Frühlingszwiebeln
1 Salatgurke (etwa 175 g)

FÜR DAS DRESSING:

etwa 50 ml Zitronensaft
etwa 2 EL Olivenöl
Salz, gem. Pfeffer
Cayennepfeffer

ZUM SERVIEREN:

1 Bund Petersilie
½ Bund Minze

PRO PORTION:

E: 7 g, F: 6 g, Kh: 41 g, kcal: 252

1. Den Bulgur mit der Gemüsebrühe in einem Topf nach Packungsanleitung zubereiten (die auf der Packung angegebene Flüssigkeitsmenge verwenden). Den gegarten Bulgur in eine Salatschüssel geben.

2. Während der Bulgur gart, die Tomaten kreuzweise einschneiden und mit kochendem Wasser übergießen. Nach 1–2 Minuten herausnehmen und mit kaltem Wasser abschrecken. Die Tomaten häuten, halbieren und die Stängelansätze herausschneiden. Die Tomaten entkernen und das Fruchtfleisch in kleine Stücke schneiden.

3. Die Frühlingszwiebeln putzen, abspülen, abtropfen lassen und in feine Scheiben schneiden. Die Salatgurke abspülen, abtrocknen und die Enden abschneiden, die Gurke evtl. schälen. Die Gurke längs halbieren, entkernen und in kleine Würfel schneiden.

4. Den Bulgur mit zwei Gabeln etwas auflockern. Tomatenstücke, Frühlingszwiebelscheiben und Gurkenwürfel unterheben.

5. Für das Dressing Zitronensaft und Olivenöl verquirlen, mit Salz, Pfeffer und Cayennepfeffer würzen. Das Dressing mit den vorbereiteten Salatzutaten mischen. Den Salat zugedeckt etwa 30 Minuten im Kühlschrank durchziehen lassen.

6. Zum Servieren Petersilie und Minze abspülen und trocken tupfen, die Blätter von den Stängeln zupfen. Die Blätter klein schneiden und unter den Salat heben. Den Salat evtl. mit Zitronensaft, Salz und Pfeffer abschmecken.

TIPPS:

Der Salat kann 2–3 Stunden vorab zubereitet werden und zugedeckt im Kühlschrank durchziehen. Der Salat passt zu gegrillten Garnelen oder Fisch.

TOMATENSALAT

🕒 Zubereitungszeit: 35 Minuten
+ Vegetarisch

ZUTATEN FÜR 6 PORTIONEN

500 g Tomaten
250 g Zwiebeln
5 Stängel glatte Petersilie
2 EL Kräuteressig
2 EL Orangensaft
1 TL Orangen- oder Feigensenf
1 EL flüssiger Honig
Salz
gem. Pfeffer
6 EL Olivenöl

PRO PORTION:

E: 2 g, F: 7 g, Kh: 7 g, kcal: 127

1. Die Tomaten abspülen, trocken tupfen und die Stängelansätze herausschneiden. Die Tomaten in Scheiben schneiden. Die Zwiebeln abziehen, erst in Scheiben schneiden, dann in Ringe teilen.

2. Die Petersilie abspülen und trocken tupfen, die Blätter abzupfen. Einige Blätter für die Garnitur beiseitelegen. Die übrigen Blätter klein schneiden und mit Tomatenscheiben und Zwiebelringen in einer Salatschüssel mischen.

3. Für das Dressing Essig, Orangensaft, Senf, Honig, Salz und Pfeffer gut verrühren. Nach und nach das Olivenöl unterschlagen. Das Dressing mit Salz und Pfeffer abschmecken.

4. Das Dressing über die Salatzutaten in der Schüssel geben. Den Salat bis zum Verzehr zugedeckt in den Kühlschrank stellen. Zum Servieren mit den beiseitegelegten Petersilienblättern garnieren.

REZEPTVARIANTEN:

Für einen **schnellen Tomatensalat** die Tomaten wie im Rezept unter Punkt 1 beschrieben vorbereiten. 1 kleine Zwiebel abziehen und fein würfeln. 1 EL Weißwein- oder Kräuteressig mit etwas Salz, Pfeffer und 1 Prise Zucker verrühren. 2 EL Olivenöl unterschlagen und die Zwiebelwürfel unterrühren. Tomaten und Dressing mischen. Mit ein paar abgespülten, trocken getupften Basilikumblättern dekorieren.

Für **Tomaten-Lauch-Salat** die Zwiebeln durch Lauch ersetzen. Dafür Lauch putzen, die Stangen längs halbieren, gründlich waschen, abtropfen lassen und in Scheiben schneiden. Lauch in kochendem Salzwasser etwa 1 Minute blanchieren, dann abtropfen lassen und anstelle der Zwiebeln mit den Tomaten mischen.

Für **korsischen Tomatensalat** 800 g Fleischtomaten wie unter Punkt 1 beschrieben vorbereiten, auf einer Platte anrichten. 2 Zwiebeln und 4 Knoblauchzehen abziehen, klein würfeln. 1 Bund Petersilie abspülen und trocken tupfen. Blätter abzupfen, klein schneiden und mit 3 EL Kapern, 10 schwarzen Oliven, Zwiebeln und Knoblauch über die Tomaten streuen. Mit 4 EL Olivenöl beträufeln, salzen und pfeffern.

TOMATENSALAT MIT SPARGEL UND BURRATA

Zubereitungszeit: 30 Minuten
Garzeit: 6–8 Minuten
+ Vegetarisch

ZUTATEN FÜR 4 PORTIONEN

1 Bund grüner Spargel
Salz
4 EL Pinienkerne
800 g gemischte Tomaten (verschiedene Formen, Farben und Größen)
gem. Pfeffer
200 ml kalt gepresstes Olivenöl
1 Bund Rucola (Rauke)
2 Burrata (300–400 g; ital. Frischkäsespezialität, z. B. aus dem Käse- oder Feinkostladen)

PRO PORTION:

E: 22 g, F: 74 g, Kh: 10 g, kcal: 802

1. Vom grünen Spargel das untere Drittel schälen und die unteren Enden abschneiden. Den Spargel abspülen, abtropfen lassen, knapp mit Wasser bedecken und mit Salz würzen. Zugedeckt zum Kochen bringen und die Stangen 6–8 Minuten kochen, dann in ein Sieb abgießen und kalt abschrecken. Die Stangen jeweils dritteln.

2. Die Pinienkerne in einer Pfanne ohne Fett bei mittlerer Hitze unter Wenden goldbraun rösten. Die Pinienkerne herausnehmen und auf einem Teller erkalten lassen.

3. Die Tomaten abspülen und abtropfen lassen, die Stängelansätze herausschneiden. Die Tomaten in mundgerechte Stücke oder Scheiben schneiden und mit den Spargelstücken mischen. Etwas Salz, Pfeffer und 50 ml Olivenöl untermischen.

4. Den Rucola verlesen, die Stängel abschneiden. Rucola abspülen, gut abtropfen lassen oder trocken schleudern und evtl. etwas kleiner zupfen. Die Rucolablätter mit dem restlichen Olivenöl (150 ml) und 1 Prise Salz pürieren.

5. Den Salat auf Teller verteilen. Die Burrata zerrupfen und darauf verteilen. Mit dem Rucola-Öl beträufeln und mit Pinienkernen bestreuen.

REZEPTVARIANTE:

Für einen **Salat „Caprese"** (für 4 Portionen) 7 Tomaten abspülen, abtropfen lassen und in Scheiben schneiden, dabei die Stängelansätze entfernen. 250 g Mozzarella abtropfen lassen und in Scheiben schneiden. Tomaten- und Mozzarellascheiben abwechselnd dachziegelartig auf Teller legen. 2 EL Aceto balsamico mit etwas Salz, Pfeffer und 1 Prise Zucker verrühren. 4 EL Olivenöl unterschlagen. Tomaten und Mozzarella mit dem Dressing beträufeln. Nach Belieben mit abgespülten, abgetropften Basilikumblättern garnieren.

TORTELLINISALAT „EURASIA“

- Zubereitungszeit: 20 Minuten
  Durchziehzeit: 60 Minuten
- Vegetarisch

ZUTATEN FÜR 4 PORTIONEN

250 g Tortellini, z. B. mit Spinat-Ricotta-Füllung (aus dem Kühlregal)
Salz
50 g Pinienkerne
1 reife Mango
200 g Cocktailtomaten
100 g Schmand
100 g Salatmayonnaise
3–4 EL Orangensaft
2 EL Currypulver mild
gem. Pfeffer
Zucker oder flüssiger Honig
1 kleines Bund Basilikum

PRO PORTION:

E: 10 g, F: 34 g, Kh: 32 g, kcal: 478

1. Die Tortellini in kochendem Salzwasser nach Packungsanleitung bissfest kochen. In der Zwischenzeit die Pinienkerne in einer Pfanne ohne Fett bei mittlerer Hitze unter Wenden goldbraun rösten. Die gegarten Tortellini in ein Sieb abgießen, kurz mit kaltem Wasser abspülen und gut abtropfen lassen.

2. Das Fruchtfleisch der Mango vom Kern schneiden, schälen und anschließend in etwa 1½ cm große Würfel schneiden. Die Tomaten abspülen, abtropfen lassen und halbieren.

3. Schmand, Mayonnaise, Orangensaft und Curry gut verrühren. Das Dressing kräftig mit Salz und Pfeffer würzen.

4. Tortellini, Mango, Tomaten und Dressing in einer großen Schüssel vorsichtig vermischen. Den Salat etwa 60 Minuten durchziehen lassen.

5. Das Basilikum abspülen und trocken tupfen, die Blätter von den Stängeln zupfen.

6. Den Salat vor dem Servieren nochmals vorsichtig mischen und mit Salz, Pfeffer und Zucker oder Honig abschmecken. Evtl. noch etwas Orangensaft unterrühren.

7. Den Salat auf Tellern anrichten. Mit Basilikumblättern und Pinienkernen bestreuen.

TIPP:

Wer den Salat schärfer mag, mischt einfach 1 TL Sambal Oelek unter das Dressing.

TOSKANISCHER ERBSEN-SALAT MIT THUNFISCH

Zubereitungszeit: 35 Minuten, ohne Abkühlzeit
Garzeit: 20 Minuten

ZUTATEN FÜR 4 PORTIONEN

800 g kleine Kartoffeln, z. B. Bio-Drillinge
Salz
2 Schalotten
1 EL Butter
300 g Erbsen (frisch gepalt oder TK)
gem. Pfeffer
1 Prise ger. Muskatnuss
1 Römersalatherz
½ Bund glatte Petersilie
2–3 Stängel Minze
400–500 g Thunfischfilet
1 EL Olivenöl

FÜR DAS DRESSING:

3–4 EL Zitronensaft (frisch gepresst)
300 ml Gemüsebrühe
1–2 TL mittelscharfer Senf
Salz
gem. Pfeffer
1 Prise geschroteter Chili
1 Prise Zucker
4 EL Olivenöl

PRO PORTION:

E: 35 g, F: 36 g, Kh: 36 g, kcal: 613

1. Die Kartoffeln gründlich unter fließendem Wasser abbürsten. In einem Topf mit Wasser bedecken und ½ TL Salz dazugeben. Die Kartoffeln zugedeckt zum Kochen bringen und bei mittlerer Hitze etwa 20 Minuten garen.

2. Inzwischen die Schalotten abziehen und fein würfeln. Die Butter in einem Topf erhitzen und die Schalottenwürfel darin glasig dünsten.

3. Die Erbsen dazugeben (bei frischen Erbsen zusätzlich 2–3 EL Wasser hinzufügen), mit Salz, Pfeffer und Muskat würzen. TK-Erbsen nur kurz erhitzen, frische Erbsen zugedeckt bei schwacher Hitze etwa 8 Minuten garen.

4. Inzwischen für das Dressing Zitronensaft, Brühe, Senf, Salz, Pfeffer, Chili, Zucker und 4 EL Öl gut verquirlen.

5. Die Kartoffeln abgießen, abdampfen lassen, evtl. pellen und halbieren. Kartoffeln und Erbsen unter das Dressing mischen, lauwarm abkühlen lassen. Zwischendurch öfter mischen.

6. Den Römersalat putzen, waschen, abtropfen lassen und in mundgerechte Stücke zupfen oder schneiden. Die Kräuter abspülen und trocken schütteln, die Blätter abzupfen und grob hacken. Die Kartoffel-Erbsen-Mischung abschmecken. Römersalat und Kräuter untermischen.

7. Den Thunfisch kalt abspülen, trocken tupfen und in etwa 3 cm große Stücke schneiden. Mit dem übrigen Öl mischen. Eine beschichtete Pfanne erhitzen. Den Thunfisch darin je Seite etwa 45 Sekunden braten. Mit Salz und Pfeffer würzen. Den Salat mit dem Thunfisch anrichten.

TÜRKISCHER REISNUDELSALAT

Zubereitungszeit: 60 Minuten, ohne Abkühlzeit

ZUTATEN FÜR 4 PORTIONEN

Salz
250 g Arpa Sehriye oder Kritharaki (Nudeln in Reisform)
30 g Pinienkerne
250 g Lammfilets
gem. Pfeffer
2 EL Olivenöl
250 g gelbe Spitzpaprikaschoten
1 Zucchini
1 Bund Frühlingszwiebeln
1 Bund glatte Petersilie

FÜR DAS DRESSING:

4 EL Zitronensaft
Salz, gem. Pfeffer
etwas Pul Biber (geschrotete Chilischoten)
gem. Kreuzkümmel (Cumin)
5 EL Olivenöl

PRO PORTION:

E: 21 g, F: 20 g, Kh: 63 g, kcal: 514

1. Wasser in einem großen Topf zugedeckt zum Kochen bringen. Salz und Nudeln dazugeben. Die Nudeln im geöffneten Topf bei mittlerer Hitze nach Packungsanleitung bissfest kochen, dabei gelegentlich umrühren. In ein Sieb abgießen, mit kaltem Wasser abspülen und abtropfen lassen.

2. Inzwischen die Pinienkerne in einer Pfanne ohne Fett unter Wenden goldbraun rösten, dann erkalten lassen. Die Lammfilets mit Küchenpapier abtupfen, mit Salz und Pfeffer würzen. Das Olivenöl in einer Pfanne erhitzen und das Lammfleisch darin unter Wenden etwa 10 Minuten braten. Aus der Pfanne nehmen, in Alufolie einwickeln und ruhen lassen.

3. Die Paprikaschoten halbieren, entstielen, entkernen und die weißen Scheidewände entfernen. Schoten abspülen, abtropfen lassen und in dünne, halbe Ringe schneiden. Die Zucchini abspülen, abtrocknen und die Enden abschneiden. Die Zucchini in feine Würfel schneiden.

4. Die Frühlingszwiebeln putzen, abspülen, abtropfen lassen und in feine Scheiben schneiden. Die Petersilie abspülen und trocken tupfen, die Blätter abzupfen und klein schneiden.

5. Nudeln, Paprika, Zucchini, Frühlingszwiebeln und Petersilie in eine große Schüssel geben.

6. Für das Dressing den Zitronensaft mit Salz, Pfeffer, Pul Biber und Kreuzkümmel verrühren. Das Olivenöl unterschlagen. Das Dressing mit den Salatzutaten vermengen, den Salat nochmals abschmecken. Die Lammfilets in Würfel oder Scheiben schneiden. Den Salat mit Lammstücken und Pinienkernen anrichten.

TIPP:

Der Salat kann bis auf Punkt 2 am Vortag zubereitet werden und zugedeckt im Kühlschrank durchziehen. Etwa 30 Minuten vor dem Servieren aus dem Kühlschrank nehmen, das Fleisch und die Pinienkerne wie in Punkt 2 beschrieben zubereiten und mit dem vorbereiteten Salat anrichten.

VEGGIE-SALAT GEGRILLT

Zubereitungszeit: 60 Minuten
+ Vegetarisch

ZUTATEN FÜR 4 PORTIONEN

150 g Frühlingszwiebeln
1 Aubergine (etwa 250 g)
1–2 Zucchini (etwa 250 g)
1 große Knolle Fenchel (etwa 275 g)
Salz
125 g abgetropfter Mozzarella light (9 % Fett)
150 g Tomaten, z. B. Cocktail- und Romatomaten
10–12 Basilikumblätter

FÜR DAS DRESSING:

1 Bio-Orange
2 EL Senfpulver
½–1 TL getrocknete Chiliflocken
Salz
6 EL Rotweinessig
4 EL Olivenöl

PRO PORTION:

E: 12 g, F: 14 g, Kh: 15 g, kcal: 234

1. Die Frühlingszwiebeln putzen, abspülen und abtropfen lassen, etwas vom dunklen Grün abschneiden. Die Frühlingszwiebeln längs bis zur Mitte aufschneiden. Aubergine und Zucchini abspülen, abtrocknen, Stängelansätze und Enden abschneiden. Den Fenchel putzen, abspülen und abtropfen lassen. Auberginen, Zucchini und Fenchel in etwa ½ cm dicke Scheiben schneiden.

2. Eine Grillpfanne ohne Fett erhitzen. Das Gemüse darin portionsweise bei starker Hitze auf beiden Seiten anbraten (Auberginen und Zucchini etwa 3 Minuten, Fenchel etwa 5 Minuten, Frühlingszwiebeln etwa 8 Minuten). Das Gemüse in eine Schüssel geben und mit Salz würzen.

3. Den Mozzarella in kleine Stücke zupfen oder in Stücke schneiden. Die Tomaten abspülen und abtrocknen. Die Cocktailtomaten vierteln, evtl. die Stängelansätze herausschneiden. Die anderen Tomaten halbieren, zuerst die Stängelansätze herausschneiden, dann die Tomaten in Scheiben schneiden. Das Basilikum abspülen, trocken tupfen und grob schneiden und kleiner zupfen.

4. Für das Dressing die Orange heiß abwaschen und abtrocknen, etwa ein Viertel der Schale in feinen Zesten abziehen. Die Orange halbieren, den Saft auspressen und 100 ml abmessen. Das Fenchelgrün fein schneiden und mit Orangenzesten, -saft, Senfpulver, Chiliflocken, Salz und Essig verrühren. Das Öl unterschlagen.

5. Gegrilltes Gemüse, Mozzarella, Tomaten und Basilikum auf Tellern anrichten. Alles gleichmäßig mit etwas Dressing beträufeln, evtl. übriges Dressing in einem Schälchen dazu reichen.

6. Den Salat vor dem Servieren evtl. noch etwa 10 Minuten durchziehen lassen.

TIPP:

Dazu passt frisches Bauernbrot oder Baguette.

WALDORFSALAT

Zubereitungszeit: 30 Minuten
+ Vegetarisch

ZUTATEN FÜR 4 PORTIONEN

600 g Knollensellerie
2 EL Zitronensaft
2 Äpfel, z. B. Elstar oder Cox Orange (400 g)
100 g Salatmayonnaise
Salz
gem. Pfeffer
70 g Walnusskerne
Zucker
evtl. einige Petersilien- oder Sellerieblätter zum Garnieren

PRO PORTION:

E: 6 g, F: 25 g, Kh: 20 g, kcal: 321

1. Den Knollensellerie schälen, abspülen und mit einem Gemüsehobel in feine Streifen schneiden. Die Streifen in einer Schüssel sofort mit dem Zitronensaft und 1 EL Wasser vermengen, damit sie nicht braun werden.

2. Die Äpfel abspülen und schälen, Stiel und Blütenansatz jeweils entfernen. Das Fruchtfleisch auf dem Gemüsehobel rundherum in feine Streifen schneiden, sodass nur noch das Kerngehäuse übrig bleibt. Die Apfelstreifen unter die Selleriestreifen in der Schüssel mischen.

3. Die Mayonnaise unter die Sellerie-Apfel-Mischung heben. Den Salat mit Salz und Pfeffer leicht würzen.

4. Die Walnusskerne in Streifen schneiden oder in grobe Stücke brechen. Zwei Drittel der Walnüsse unter den Salat heben. Den Salat mit Salz, Pfeffer und Zucker abschmecken.

5. Den Salat auf Tellern anrichten und mit den übrigen Walnüssen und nach Belieben mit abgespülten und trocken getupften Petersilien- oder Sellerieblättern garnieren.

TIPPS:

Richten Sie den Salat in kleinen Einmachgläsern an und stecken Sie fein gehobelte Apfelscheiben hinein. Dazu einen rotschaligen Apfel abspülen, abtrocknen, vierteln und entkernen. Die Apfelviertel mit einem Gemüshobel der Länge nach in sehr feine Scheiben schneiden.
Für einen **veganen Salat** ein Dressing aus Tofu zubereiten. Dafür 100 g Seidentofu, 1 EL Zitronensaft, 1 TL Senf und 4 EL Rapsöl in einen Rührbecher geben. Einen Stabmixer auf den Becherboden stellen und auf mittlerer Stufe langsam nach oben ziehen. Das Dressing abschmecken und unter den Salat heben. Den Salat evtl. mit Petersilienblättern garnieren.

W

WARMER KARTOFFELSALAT MIT STEAKSTREIFEN

Zubereitungszeit: 45 Minuten

ZUTATEN FÜR 2 PORTIONEN

FÜR DEN SALAT:

300 g kleine festkochende Kartoffeln (je etwa 35 g)
Salz, 1 TL Paprikapulver edelsüß
75 g Frühlingszwiebeln
½–1 EL Sambal Oelek
1 EL flüssiger Honig
2 EL Zitronensaft
2 EL Sojasauce
½ Knoblauchzehe
8 Minzeblätter
½ Kästchen Gartenkresse
20 g Röstzwiebeln

FÜR DIE STEAKSTREIFEN:

1 TL Paprikapulver edelsüß
½ TL Currypulver scharf
½ TL gem. Ingwer
2 Schweinerückensteaks (je etwa 125 g)
2 EL Speiseöl zum Braten

PRO PORTION:

E: 33 g, F: 15 g, Kh: 42 g, kcal: 443

1. Den Backofen vorheizen.
Ober-/Unterhitze: etwa 200 °C
Heißluft: etwa 180 °C

2. Für den Salat die Kartoffeln unter fließendem Wasser gut abbürsten, dann abtropfen lassen. Die Kartoffeln längs vierteln und auf einem Backblech mit Salz und Paprikapulver gut vermischen. Das Backblech in den vorgeheizten Backofen schieben. Die Kartoffeln in etwa 25 Minuten goldbraun backen.

3. In der Zwischenzeit für das Dressing die Frühlingszwiebeln putzen, abspülen, trocken tupfen und in dünne Scheiben schneiden. Mit Sambal Oelek, Honig, Zitronensaft und Sojasauce verrühren. Den Knoblauch abziehen, durch eine Knoblauchpresse dazudrücken und untermischen. Die Minze abspülen, trocken tupfen, klein schneiden und unter das Dressing mischen.

4. Für die Steakstreifen Paprika, Curry und Ingwer mischen. Die Steaks mit Küchenpapier abtupfen und mit den Gewürzen einreiben. Das Öl in einer Pfanne erhitzen und die Steaks darin bei starker Hitze auf beiden Seiten in etwa 3 Minuten goldbraun braten. Aus der Pfanne nehmen und zugedeckt etwa ½ Minute ruhen lassen.

5. Das Backblech aus dem Backofen nehmen. Kartoffeln und Dressing vermischen. Die Steaks in dünne Scheiben schneiden und auf dem Salat anrichten. Die Kresse abspülen, trocken tupfen und vom Beet schneiden. Den Kartoffelsalat mit Kresse und Röstzwiebeln bestreut servieren.

WEISSE-BOHNEN-SALAT MIT PAPRIKA UND TOMATE

Zubereitungszeit: 20 Minuten
Durchziehzeit: mind. 30 Minuten
+ Vegetarisch

ZUTATEN FÜR 4 PORTIONEN

500 g abgetropfte Cannellinibohnen (aus der Dose)
2 Fleischtomaten
je 1 rote und grüne Paprikaschote
1 Schalotte

FÜR DRESSING UND GARNITUR:

1 Knoblauchzehe
2 EL Zitronensaft
1 EL Apfelessig
1 TL mittelscharfer Senf
1 TL flüssiger Honig
Salz, gem. Pfeffer
2 EL Olivenöl
5 Stängel Petersilie

PRO PORTION:

E: 14 g, F: 7 g, Kh: 30 g, kcal: 237

1. Die Bohnen in einem Sieb mit kaltem Wasser abspülen und gut abtropfen lassen.

2. Die Tomaten kreuzweise einschneiden und mit kochendem Wasser übergießen. Nach 1–2 Minuten herausnehmen und mit kaltem Wasser abschrecken. Die Tomaten häuten, halbieren, entkernen und die Stängelansätze herausschneiden. Das Fruchtfleisch klein würfeln.

3. Die Paprikaschoten halbieren, entstielen, entkernen und die weißen Scheidewände entfernen. Die Schotenhälften abspülen, abtropfen lassen und in kleine Würfel schneiden. Die Schalotte abziehen und fein würfeln.

4. Bohnen, Tomaten, Paprika und Schalotte in einer großen Salatschüssel vermischen.

5. Für das Dressing den Knoblauch abziehen und durch eine Knoblauchpresse drücken oder in sehr feine Würfel schneiden. Zitronensaft, Essig, Senf, Honig, Salz, Pfeffer und Knoblauch verrühren. Das Olivenöl unterschlagen. Das Dressing zur Bohnenmischung geben und alles vermengen. Den Salat etwa 30 Minuten durchziehen lassen.

6. Für die Garnitur die Petersilie abspülen und trocken tupfen, die Blätter abzupfen und grob schneiden. Den Salat mit Petersilie bestreuen.

TIPPS:

Statt der Cannellinibohnen können Sie auch 500 g weiße Bohnen (aus der Dose) verwenden. Mischen Sie etwa 150 g Staudensellerie unter den Salat. Dafür den Sellerie putzen, abspülen, abtropfen lassen und in Streifen schneiden.

WINTERSALAT MIT BIRNEN UND WALNUSSKERNEN

Zubereitungszeit: 30 Minuten

ZUTATEN FÜR 4 PORTIONEN

1 Radicchio
2 Chicorée
1 kleiner Friséesalat
200 g Feldsalat
2 Birnen
20–25 rote Weintrauben
80 g Walnusskernhälften

FÜR DAS DRESSING:

3 EL Himbeeressig
1 TL körniger Senf
1 EL flüssiger Honig
Salz
gem. Pfeffer
6 EL Olivenöl

ZUSÄTZLICH:

200 g Gorgonzola-Mascarpone (aus dem Kühlregal)

PRO PORTION:

E: 8 g, F: 50 g, Kh: 21 g, kcal: 577

1. Radicchio und Chicorée putzen, vierteln, abspülen, trocken tupfen und grob schneiden. Den Friséesalat putzen, abspülen, trocken tupfen und in mundgerechte Stücke zupfen. Den Feldsalat verlesen, die Wurzelansätze abschneiden. Den Feldsalat mehrmals gründlich waschen, trocken tupfen oder trocken schleudern.

2. Die Birnen abspülen, abtrocknen, vierteln und entkernen. Die Birnenviertel mit Schale in Spalten schneiden. Die Weintrauben abspülen, trocken tupfen, entstielen und jeweils halbieren.

3. Die Walnusskerne in einer Pfanne ohne Fett bei mittlerer Hitze unter Wenden rösten, bis sie zu duften beginnen. Die Walnüsse grob hacken.

4. Für das Dressing den Himbeeressig mit Senf und Honig verrühren, mit Salz und Pfeffer würzen. Das Olivenöl unterschlagen.

5. Die vorbereiteten Blattsalat in eine große Schüssel geben. Mit Salz und Pfeffer würzen und mit dem Dressing vermischen. Birnenspalten, Weintraubenhälften und Walnusskerne unterheben. Den Salat auf Teller verteilen.

6. Mit einem Löffel jeweils ein Stück Gorgonzola-Mascarpone daraufgeben. Sofort servieren.

TIPP:

Feldsalat, auch Ackersalat oder Rapunzel genannt, ist ein Herbst- und Wintersalat, der wegen seines nussigen Geschmacks und seines hohen Gehaltes an Betacarotin und Eisen geschätzt wird. Er sollte nicht lang lagern und möglichst bald nach der Ernte zubereitet werden.

WINZERSALAT MIT HONIG-SENF-DRESSING

Zubereitungszeit: 20 Minuten
Durchziehzeit: 60 Minuten
+ Vegetarisch

ZUTATEN FÜR 4 PORTIONEN

ZUM VORBEREITEN:

1 Stück Rotkohl (geputzt etwa 575 g)
Salz
75 g Pekannusskerne

FÜR DAS DRESSING:

1 Schalotte
1 geh. TL körniger Senf (15 g)
1 TL milder Honig
etwa 5 EL Essig, z. B. Himbeeressig
Salz, gem. Pfeffer
7 EL mild-aromatisches Speiseöl, z. B. Oliven- oder Nussöl
200 g kernlose Weintrauben

ZUM ANRICHTEN:

1 Kopf Blattsalat der Saison, z. B. Kopf-, Eichblatt- oder Endiviensalat
70 g Parmesan oder eine vegetarische Hartkäsesorte, z. B. Montello

PRO PORTION:

E: 12 g, F: 37 g, Kh: 17 g, kcal: 456

1. Als Vorbereitung den Kohl abspülen, abtropfen lassen und mit einem Gemüsehobel in sehr feine Streifen in eine Schüssel hobeln. Mit 2 TL Salz gut durchkneten, bis er leicht glasig und weich wird. Zugedeckt etwa 60 Minuten ziehen lassen.

2. Inzwischen die Nüsse in einer Pfanne ohne Fett bei mittlerer Hitze rösten, bis sie zu duften beginnen. Auf einem Teller auskühlen lassen.

3. Für das Dressing die Schalotte abziehen und in sehr feine Würfel schneiden. Senf, Honig, 3 EL Essig, etwas Salz und Pfeffer gut in einer Salatschüssel verrühren. 5 EL Öl unterquirlen. Die Schalottenwürfel unterrühren.

4. Die Weintrauben abzupfen, abspülen, trocken reiben und nach Belieben halbieren. Die Trauben unter das Dressing mischen.

5. Den Kohl nochmals gut durchkneten, entstandenen Sud etwas abtropfen lassen. Den Kohl mit Pfeffer, restlichem Öl (2 EL), Essig und evtl. noch etwas Salz abschmecken und marinieren.

6. Zum Anrichten den Salat verlesen, die Blätter lösen, abspülen, abtropfen lassen oder trocken schleudern und in mundgerechte Stücke zupfen. Salat, Nüsse und Kohl auf Tellern anrichten und mit Dressing beträufeln. Den Käse in Spänen darüberhobeln, z. B. mit dem Sparschäler.

TIPP:

Lecker dazu sind in Streifen geschnittene Vinschgauer (Tiroler Sauerteig-Gewürzbrötchen), in wenig Butter in einer Pfanne leicht angeröstet.

WURST-KÄSE-SALAT

Zubereitungszeit: 25 Minuten

ZUTATEN FÜR 4 PORTIONEN

250 g Zwiebeln
250 g Emmentaler (ohne Rinde)
350 g Fleischwurst
75 g abgetropfte Gewürzgurken (aus dem Glas)

FÜR DAS DRESSING:

2 EL Weißweinessig
1 TL mittelscharfer Senf
Salz, gem. Pfeffer
Zucker
4 EL Speiseöl, z. B. Sonnenblumenöl
1 EL Schnittlauchröllchen

PRO PORTION:

E: 28 g, F: 52 g, Kh: 4 g, kcal: 588

1. Die Zwiebeln abziehen, zunächst in Scheiben schneiden, dann in Ringe teilen. Die Zwiebelringe in kochendem Wasser etwa 2 Minuten blanchieren, dann in einem Sieb abtropfen lassen.

2. Den Emmentaler in Streifen schneiden. Von der Fleischwurst die Pelle abziehen. Fleischwurst und Gewürzgurken in Scheiben schneiden, die Wurstscheiben evtl. halbieren.

3. Für das Dressing den Essig mit 2 EL Wasser, Senf, Salz, Pfeffer und Zucker verrühren. Das Speiseöl unterschlagen und die Schnittlauchröllchen untermischen. Die Salatzutaten in einer Salatschüssel mit dem Dressing vermengen.

TIPPS:

Den Salat als kleine Mahlzeit mit Laugenbrötchen oder -brezeln oder als Partysalat servieren.
Sie können den Salat auch mit Geflügelfleischwurst oder Kasseler zubereiten. Der Salat schmeckt gut durchgezogen noch besser.

WURSTSALAT

Zubereitungszeit: 35 Minuten
Durchziehzeit: 20 Minuten

ZUTATEN FÜR 4 PORTIONEN

500 g Fenchel
60 g rote Zwiebeln
400 g Cocktailtomaten
30 g abgetropfte Kapern (aus dem Glas)
6 EL Balsamico bianco
Salz
100 g Rucola (Rauke)
100 g Mortadella, in hauchdünnen Scheiben
25 g Parmesan, am Stück
3 EL Olivenöl
grob gem. Pfeffer

PRO PORTION:

E: 8 g, F: 16 g, Kh: 11 g, kcal: 223

1. Die Fenchelknollen putzen, abspülen und abtropfen lassen. Das Fenchelgrün beiseitelegen. Die Zwiebeln abziehen. Fenchel und Zwiebeln in sehr feine Scheiben hobeln.

2. Die Tomaten abspülen, abtrocknen, vierteln und evtl. die Stängelansätze herausschneiden.

3. Fenchel, Zwiebeln, Tomaten, Kapern und Essig in einer Schüssel gut vermischen. Den Salat leicht mit Salz würzen und etwa 20 Minuten durchziehen lassen.

4. Inzwischen den Rucola verlesen und dicke Stängel abschneiden. Den Rucola abspülen, gut abtropfen lassen oder trocken schleudern und evtl. etwas kleiner zupfen.

5. Das beiseitegelegte Fenchelgrün fein schneiden. Die Mortadellascheiben in feine Streifen schneiden. Den Parmesan fein reiben.

6. Rucola, Fenchelgrün und Olivenöl vorsichtig unter den Salat mischen.

7. Den Salat evtl. nachwürzen, dann in Schälchen oder auf Tellern anrichten. Die Mortadellastreifen darauf verteilen. Den Wurstsalat mit Parmesan und grob gemahlenem Pfeffer bestreuen.

TIPPS:

Falls Sie keinen Rucola zur Hand haben oder diesen nicht mögen, können Sie ihn weglassen oder durch Kräuter ersetzen – geben Sie als aromatische grüne Note z. B. Schnittlauchröllchen, Petersilienblätter und Gartenkresse in den Wurstsalat. Verwenden Sie statt Olivenöl auch einmal ein natives (kalt gepresstes) Raps- oder Leinöl für den Salat – damit sorgen Sie nicht nur für geschmackliche Abwechslung, sondern profitieren auch von der unterschiedlichen Zusammensetzung.
Knusprig-frisches Baguette oder Bauernbrot, evtl. mit etwas Butter bestrichen, ist die ideale Begleitung zum Wurstsalat.

WURST-ZWIEBEL-SALAT

Zubereitungszeit: 50 Minuten
Durchziehzeit: 3 Stunden

ZUTATEN FÜR 12 PORTIONEN

1 ½ kg Gemüsezwiebeln
50 ml Weißweinessig
1 gestr. TL Salz
2 EL Zucker
360 g abgetropfte Gewürzgurken (aus dem Glas)
500 g Fleischwurst
4 Äpfel (etwa 500 g)
370 g Salatcreme (10 % Fett)
300 g Joghurt (3,5 % Fett)
4 TL Schnittlauchröllchen

PRO PORTION:

E: 8 g, F: 16 g, Kh: 12 g, kcal: 228

1. Die Zwiebeln abziehen, halbieren und in schmale Streifen schneiden. Den Essig mit Salz und Zucker gut verrühren. Die Zwiebelstreifen in einer großen Schüssel damit übergießen.

2. Die Zwiebelscheiben mit einem Teller beschweren und die Schüssel mit Frischhaltefolie zudecken. Die Zwiebelscheiben etwa 2 Stunden durchziehen lassen (Zwiebelscheiben müssen nicht kalt gestellt werden). Anschließend die Zwiebelscheiben in ein Sieb geben und gut abtropfen lassen.

3. Die Gewürzgurken in schmale Streifen schneiden. Von der Fleischwurst die Pelle abziehen. Die Fleischwurst zuerst in Scheiben, dann in schmale Streifen schneiden. Die Äpfel schälen, vierteln, entkernen und in Stifte schneiden.

4. Die Zwiebeln wieder in die Schüssel geben. Gurken, Fleischwurst und Äpfel gut untermengen.

5. Für das Dressing die Salatcreme mit dem Joghurt verrühren und unter den Salat mischen. Den Salat zugedeckt im Kühlschrank mindestens 60 Minuten durchziehen lassen.

6. Den Salat vor dem Servieren nochmals durchmischen und abschmecken. Mit Schnittlauchröllchen bestreut servieren.

TIPPS:

Sie können den Salat zugedeckt über Nacht im Kühlschrank durchziehen lassen.
Dazu passen Laugenbrezeln oder -brötchen oder frisches Bauernbrot.

ZARTWEIZENSALAT MIT SCHAFSKÄSE

Zubereitungszeit: 45 Minuten, ohne Abkühlzeit
Durchziehzeit: 60 Minuten
+ Vegetarisch

ZUTATEN FÜR 4 PORTIONEN

FÜR DIE SALATMISCHUNG:

250 g Zartweizen (vorgegarter Weizen)
3–4 Möhren (etwa 350 g)
1 grüne Paprikaschote
1 gelbe Paprikaschote
4 Frühlingszwiebeln
3 Tomaten (etwa 250 g)
50 g getrocknete Soft-Tomaten
60 g schwarze Oliven, ohne Stein
200 g Fetakäse

FÜR DAS DRESSING:

3–4 Stängel Zitronenthymian oder Thymian
3 ½ EL Weißweinessig
2 ½ EL Mineralwasser
1 TL körniger Senf
½ TL ger. Meerrettich (aus dem Glas)
Salz, gem. Pfeffer
etwas Vollrohrzucker
4 EL Olivenöl

PRO PORTION:

E: 18 g, F: 26 g, Kh: 59 g, kcal: 569

1. Für die Salatmischung den Zartweizen mit Wasser nach Packungsanleitung (die auf der Packung angegebene Flüssigkeitsmenge verwenden) zubereiten. In einem Sieb mit kaltem Wasser abspülen, abtropfen und erkalten lassen.

2. In der Zwischenzeit die Möhren putzen, schälen, abspülen und abtropfen lassen. Die Möhren in feine Stifte schneiden.

3. Die Paprikaschoten halbieren, entstielen, entkernen und die weißen Scheidewände entfernen. Die Schoten abspülen, abtropfen lassen und würfeln. Die Frühlingszwiebeln putzen, abspülen, abtropfen lassen und in dünne Scheiben schneiden.

4. Die Tomaten abspülen, abtrocknen, halbieren und die Stängelansätze herausschneiden. Die Tomaten in Stücke schneiden. Getrocknete Tomaten und Oliven klein schneiden.

5. Den Zartweizen in einer Salatschüssel mit Möhren, Paprika, Frühlingszwiebeln, frischen und getrockneten Tomatenstücken und Oliven mischen. Den Fetakäse abtropfen lassen, klein schneiden und beiseitestellen.

6. Für das Dressing den Thymian abspülen und trocken tupfen, die Blättchen abzupfen. Einige Blättchen zum Garnieren beiseitelegen, restliche Blättchen klein schneiden. Essig, Mineralwasser, Senf und Meerrettich verrühren. Mit Salz, Pfeffer und Zucker würzen. Das Olivenöl unterschlagen. Den Thymian unterrühren. Das Dressing unter die Zartweizenmischung mengen. Den Salat zugedeckt etwa 6 Minuten durchziehen lassen.

7. Den beiseitegestellten Feta unter den Salat heben. Den Salat nochmals abschmecken und mit beiseitegelegten Thymianblättchen garnieren.

ZITRONEN-PASTA-SALAT

◷ Zubereitungszeit: 25 Minuten
+ Vegetarisch

ZUTATEN FÜR 4 PORTIONEN

250 g Penne oder Rigatoni, Salz
60 g abgetropfte schwarze Kalamata-Oliven, mit Stein (aus dem Glas)
600 g Cocktailtomaten
4 Stängel Basilikum
3–4 EL Olivenöl
40 g abgetropfte Kapern (aus dem Glas)
¼–½ EL Chiliflocken
abgeriebene Schale und Saft von 1 Bio-Zitrone
200 ml Gemüsebrühe
20 g fein ger. Parmesan oder eine vegetarische Hartkäsesorte, z. B. Montello

PRO PORTION:

E: 12 g, F: 14 g, Kh: 50 g, kcal: 378

1. Die Nudeln in kochendem Salzwasser nach Packungsanleitung bissfest kochen, dabei gelegentlich umrühren. Anschließend in ein Sieb abgießen (nicht abschrecken!), gut abtropfen lassen und in eine Schüssel geben.

2. Die Oliven vom Stein schneiden. Die Tomaten abspülen, abtrocknen, halbieren und evtl. die Stängelansätze herausschneiden. Das Basilikum abspülen und trocken tupfen, die Blätter abzupfen und grob schneiden.

3. Das Olivenöl in einer großen Pfanne erhitzen. Tomaten, Kapern, Oliven, Chiliflocken und Zitronenschale darin etwa 1 Minute bei mittlerer Hitze unter Rühren anbraten. Mit Salz würzen. Die Zutaten mit 4 EL Zitronensaft und der Gemüsebrühe ablöschen, die Flüssigkeit auf die Hälfte einkochen lassen. Das Basilikum untermischen.

4. Die Zutaten mit den Nudeln mischen. Den Zitronen-Pasta-Salat mit Käse bestreuen und warm servieren.

ZOODLES-SALAT

Zubereitungszeit: 45 Minuten
+ Vegetarisch

ZUTATEN FÜR 4 PORTIONEN

80 g gehobelte Haselnusskerne
20 g Basilikum
5 EL Nussöl (z. B. Hasel- oder Walnussöl)
1 Bio-Orange
Salz
300 g dicke Möhren
500 g Zucchini
2 Scheiben Toastbrot
20 g Butter

ZUSÄTZLICH:

Spiralschneider

PRO PORTION:

E: 8 g, F: 31 g, Kh: 19 g, kcal: 378

1. Die Haselnüsse in einer Pfanne ohne Fett goldbraun rösten, dann aus der Pfanne nehmen und auf einem Teller abkühlen lassen.

2. Das Basilikum abspülen und trocken tupfen, die Blätter abzupfen. Einige Blätter zum Garnieren beiseitelegen, die übrigen Blätter in feine Streifen schneiden.

3. In einem Blitzhacker 50 g Haselnüsse fein hacken. Nussöl und Basilikumstreifen dazugeben und alles noch etwas stückig pürieren.

4. Die Orange heiß abwaschen und abtrocknen, etwas Schale fein abreiben. Die Basilikumsauce mit Orangenschale und Salz abschmecken.

5. Die Möhren putzen, schälen, abspülen und mit dem Spiralschneider in feine Streifen schneiden. Die Streifen leicht salzen und etwas durchziehen lassen. Die Zucchini abspülen und die Enden abschneiden. Aus den Zucchini auf die gleiche Weise Spiralen schneiden und leicht salzen.

6. Inzwischen das Brot entrinden, in kleine Würfel schneiden und in einer Pfanne ohne Fett goldbraun rösten. Die Butter dazugeben und von den Brotwürfeln aufnehmen lassen. Aus der Pfanne nehmen.

7. Die Orange halbieren und den Saft auspressen. Die Gemüsespiralen mischen und mit Orangensaft und Salz abschmecken. Die übrigen Haselnüsse (30 g) unterheben.

8. Den Zoodles-Salat mit der Basilikumsauce anrichten und mit den beiseitegelegten Basilikumblättern bestreuen.

TIPP:

Wenn Sie keinen Sprialschneider haben, schneiden Sie das Gemüse erst in lange dünne Scheiben und anschließend in feine Streifen oder benutzen Sie einen Julienneschneider.

ZUCCHINI-PASTA-SALAT

● Zubereitungszeit: 30 Minuten
Garzeit: 8–10 Minuten
+ Vegetarisch

ZUTATEN FÜR 4 PORTIONEN

2 Zucchini (etwa 250 g)
2 rote Zwiebeln
2 Knoblauchzehen
2 Stängel Thymian
2–3 Stängel Petersilie
4 EL Kürbiskerne
Salz
250 g kurze Makkaroni
4 EL Olivenöl
gem. Pfeffer
1 Prise Zucker
4–5 EL Balsamico bianco
200 g Fetakäse
evtl. 4 Stängel Petersilie

PRO PORTION:

E: 23 g, F: 30 g, Kh: 51 g, kcal: 580

1. Die Zucchini abspülen, trocken tupfen und die Enden abschneiden. Anschließend die Zucchini mit einem Sparschäler oder einem Gemüsehobel in sehr dünne Streifen schneiden.

2. Zwiebeln und Knoblauch abziehen. Zwiebeln halbieren und in Halbringe schneiden, Knoblauch durch eine Knoblauchpresse drücken. Thymian und Petersilie abspülen und trocken tupfen, die Blätter abzupfen und grob schneiden. Die Kürbiskerne in einer Pfanne ohne Fett bei mittlerer Hitze unter Wenden 1–2 Minuten anrösten.

3. Wasser in einem großen Topf zum Kochen bringen. Salz und Nudeln dazugeben. Die Nudeln im geöffneten Topf bei mittlerer Hitze nach Packungsanleitung bissfest kochen, dabei gelegentlich umrühren. In ein Sieb abgießen, dabei das Nudelkochwasser auffangen. Die Nudeln kurz mit kaltem Wasser abspülen (dabei sollten die Nudeln nicht ganz kalt werden) und abtropfen lassen. Nudeln in eine Schüssel geben.

4. Das Olivenöl in einer Pfanne erhitzen und die Zwiebeln darin in 3–4 Minuten glasig dünsten. Knoblauch und Kräuter zu den Zwiebeln in die Pfanne geben und 1–2 Minuten mit andünsten.

5. Die Zucchinistreifen in die Pfanne geben und mit Salz, Pfeffer und 1 Prise Zucker würzen. Zucchinistreifen vorsichtig in der Pfanne wenden und bei mittlerer Hitze etwa 2 Minuten mitbraten. Mit Essig und 2–3 EL vom aufgefangenen Nudelkochwasser ablöschen. Vorsichtig mischen.

6. Zucchinimischung und Nudeln mischen. Den Feta mit den Fingern zerbröckeln und mit den Kürbiskernen auf den Salat streuen. Nach Belieben die Petersilienstängel abspülen, trocken tupfen und als Garnitur daraufgeben.

TIPP:

Den Salat mit Pfeffer aus der Mühle garnieren und zusätzlich pro Portion noch etwa 1 TL Kürbiskernöl daraufträufeln.

REGISTER

BLATTSALATE

FISCH & MEERESFRÜCHTE

FLEISCH, WURST & EIER

FRÜCHTE

GEMÜSE & PILZE

HÜLSENFRÜCHTE

KARTOFFELN

NUDELN

REIS, GETREIDE & PSEUDOGETREIDE

VEGAN

VEGETARISCH

IMPRESSUM

HINTER JEDEM TOLLEN BUCH STECKT EIN STARKES TEAM

Projektleitung: *Karin Kerber*
Korrektorat: *Karin Leonhart*
Rezepte: *Dr. Oetker Verlag, außer: Anke Rabeler (21, 36, 62, 69, 92, 115, 116, 130, 136, 140, 150, 175, 185, 194, 206)*
Gestaltungskonzept: *seidldesign.com, Wolfgang Seidl, Stuttgart*
Satz, Layout und Titelgestaltung: *Büro 18, Friedberg/Bay.*
Herstellung: *Frank Jansen*
Producing: *Jan Russok*
Druck & Bindung: *optimal media GmbH, Röbel*

UNSER VERLAGSHAUS

Mit Standorten in München, Hamburg und Berlin zählt die Edel Verlagsgruppe zu den größten unabhängigen Buchanbietern Deutschlands. Zur Edel Verlagsgruppe gehört unter anderem ZS mit seinen Lizenzmarken Dr. Oetker Verlag, Kochen & Genießen und Phaidon by ZS.
Die Bücher und E-Books unter der Marke Dr. Oetker Verlag erscheinen als Lizenz in der Edel Verlagsgruppe GmbH
www.oetker-verlag.de
www.facebook.com/Dr.OetkerVerlag
www.instagram.com/Dr.OetkerVerlag

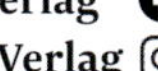

LIEBE LESERIN, LIEBER LESER,

seit 130 Jahren gibt es Dr. Oetker Bücher, viele davon sind seit Jahrzehnten im Programm. Mit jedem Buch, mit jeder Aktualisierung eines unserer Klassiker erfinden wir uns neu. Was bleibt, ist immer der Kern unserer Bücher: Praktisch müssen sie sein, und funktionieren muss alles. Gerne auch mal den einen oder anderen Kniff anbieten, den Sie vielleicht noch nicht kannten. Deshalb kommen Ihnen die Dr. Oetker Bücher so modern und frisch und doch so vertraut vor.
Viel Spaß und viel Erfolg wünschen wir Ihnen auch mit diesem Buch.

Ihre Dr. Oetker Verlagsredaktion

1. Auflage 2023

Kaiserstraße 14 b
D-80801 München
ISBN: 978-3-7670-1937-9

BILDNACHWEIS

Foodfotografie:
Anke Politt: Titel (o. r.), 59, 180
Antje Plewinski: 4, 7, 15, 19, 20, 29, 32, 35, 37, 39, 43, 49, 53, 60, 63, 67, 68, 77, 82, 93, 106, 114, 117, 120, 126, 131, 133, 137, 141, 148, 150, 152, 155, 160, 165, 170, 175, 181, 184, 192–196, 202, 205, 207
Barbara Bonisolli: 83
Eising Studio Food Photo & Video: 13, 27, 28, 47, 66, 73, 74, 88, 89, 118, 119, 145, 158, 159, 169, 174, 186, 204
Fotostudio Diercks (Thomas Diercks, Kai Boxhammer, Christiane Krüger): 56, 64, 122, 128, 172, 183, 190
Kramp + Gölling: Titel (o. 2. v. l.), 12, 57, 86, 101, 110, 125, 134, 208
StockFood Studios/Jan Wischnewski: Titel (u.), 33, 40, 151
Studio Diercks Media GmbH: Titel (o. 2. v. r.), 5, 8, 9, 11, 16, 22–26, 31, 34, 41, 45, 50, 51, 54, 71, 72, 75, 78, 81, 87, 90, 94, 97, 98, 102, 105, 107–109, 113, 123, 124, 127, 129, 132, 138, 139, 142, 144, 149, 153, 157, 163, 164, 166, 171, 173, 177–179, 187, 191, 197, 200, 201, 203
Studio Diercks Media GmbH (Kai Boxhammer, Silje Paul): Titel (o. l.), 38, 44, 46, 85, 96, 147, 154, 198, 189

Muster Umschlag:
Shutterstock/Sunny Sally

Schluss mit der langen Rezeptsuche!

Das lange Durchsuchen der eigenen Kochbücher hat endlich ein Ende – die Rezept Scout-App verrät ganz schnell und einfach, welches Rezept wo zu finden ist.

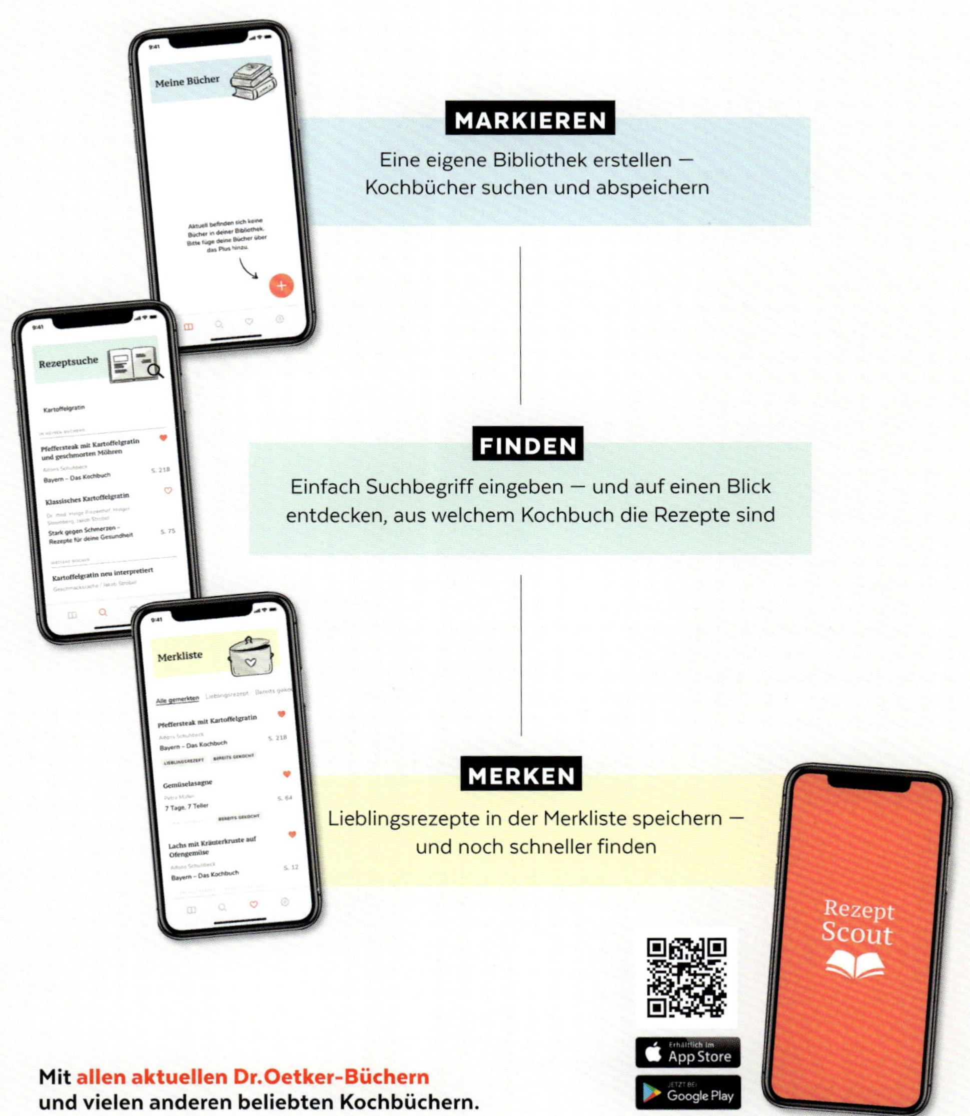

Mit allen aktuellen Dr. Oetker-Büchern und vielen anderen beliebten Kochbüchern.